信州
川中島平にみる
名主の一生

退職科学者が挑んだ古文書解読

小林啓二

口絵図-1　安政3年に、田中月耕により描かれた健治の肖像（第7章2節）

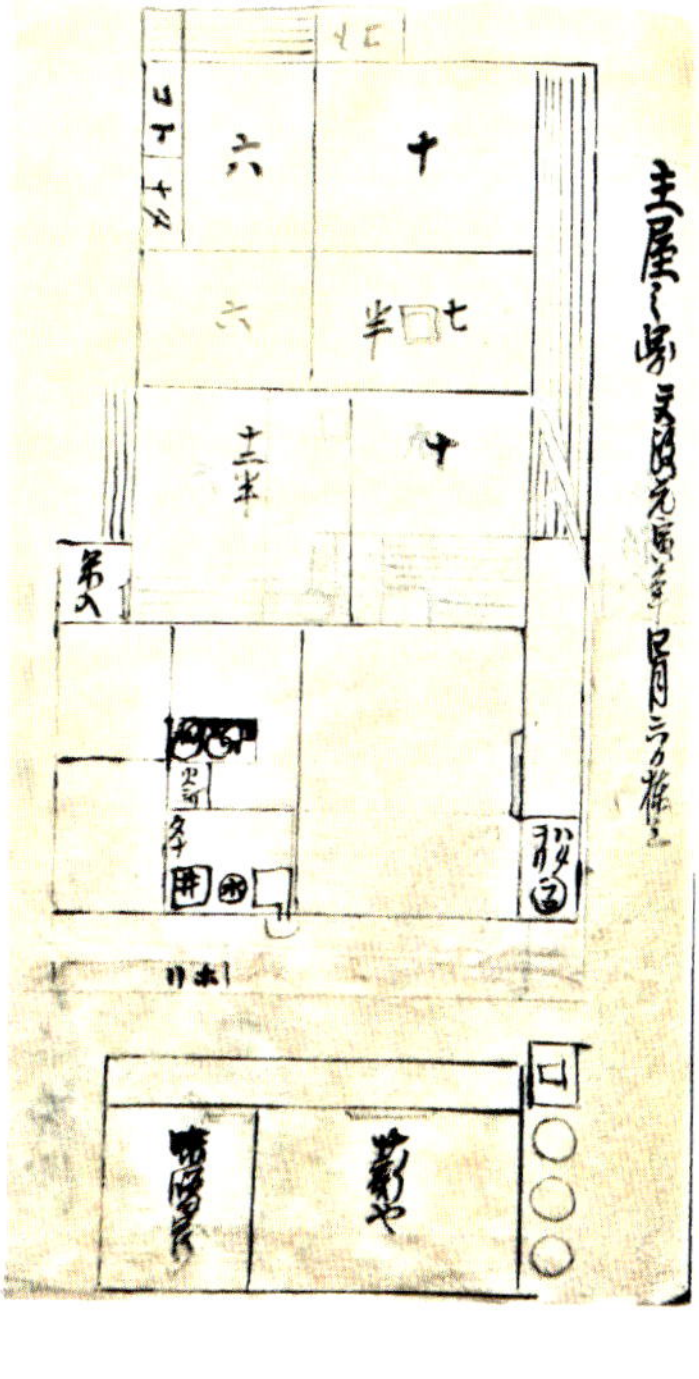

口絵図-2
文政元年4月に棟上された主屋の図

「米入」、「ハタヲリ」や「フロ」が書かれている。
「ホリ(堀)」を挟んだ別棟に、「味噌蔵」や「薪や」がある。

口絵図-3　現在の小林家主屋

明治三十七年に従来の主屋を改築。
国登録有形文化財に指定されている。

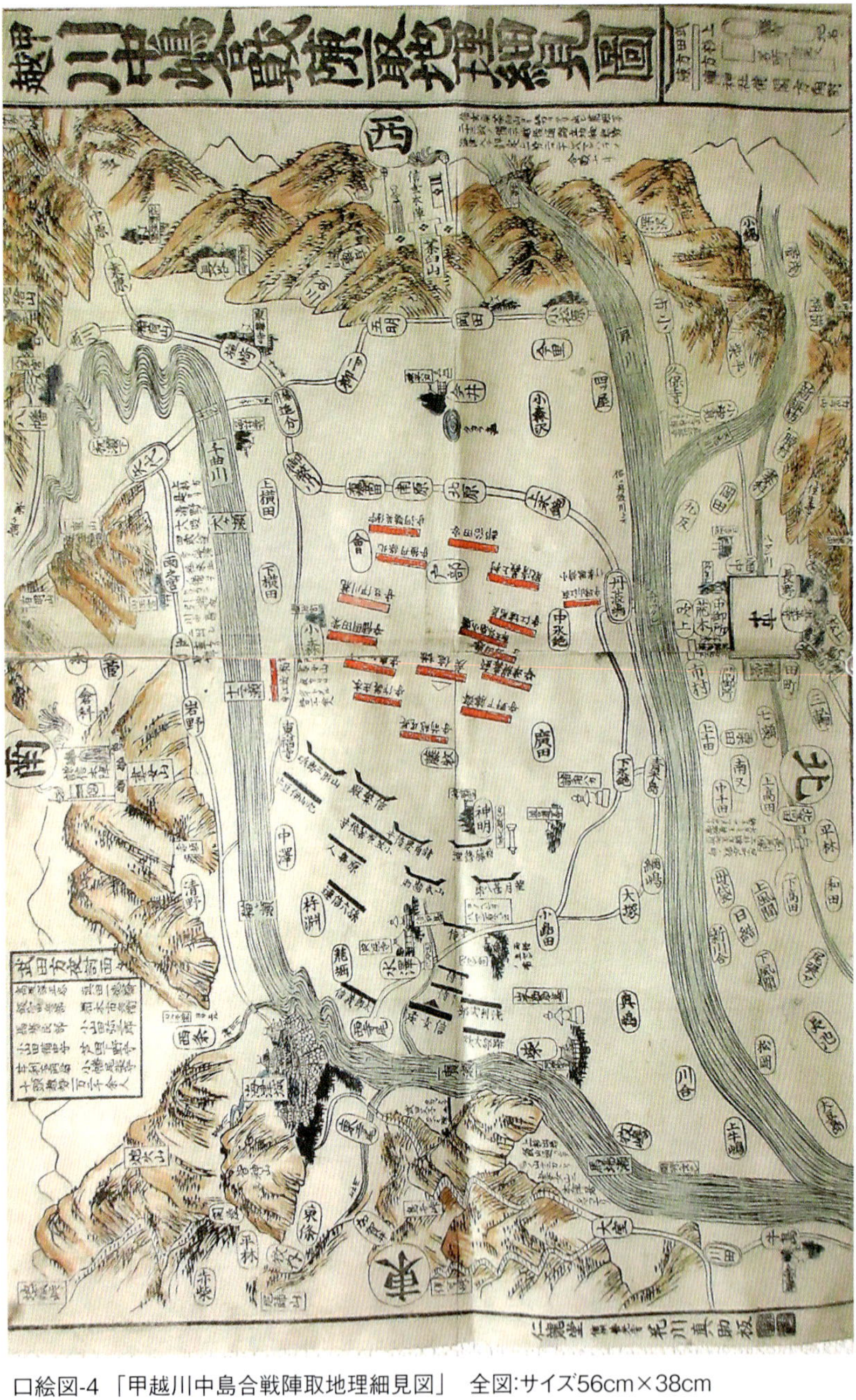

口絵図-4 「甲越川中島合戦陣取地理細見図」 全図:サイズ56cm×38cm

上が南、下が北の方角に描かれているので、第1章1節の図1-1とは上下·左右が逆になる。仁龍堂信州善光寺花川真助板とあるので、おそらく善光寺土産として売られていたのだろう。武田勢と上杉勢に挟まれた中央付近に「廣田」が確認できる。

はじめに

著者は歴史の専門家でないことを、まず、おことわりしておかねばならない。七十三歳で化学の研究・教育一筋の現役を退くまで歴史には全く関心がなく、常識程度の知識も身につけぬまま過ごしてきた。それが退職後の第二の人生が始まると、どうした弾みか先祖調べが面白くなり、運よく先祖の系譜が繋がったのに気をよくして、二〇一九年に『ファミリーヒストリーが明かす松代・真田十万石の歴史―退職化学者の道楽先祖探訪記』と題する著書まで出版してしまった。いったん興味を持てば、自然と深みにはまっていく。時間が経過すれば理解も深まる。関連する情報収集のアンテナも感度が上がることになる。

そんなわけで、その後に得られた新たな知見が、凝りもせず再度著作を上梓する動機になったのである。

本書は、小林家に伝わる「小林家文書」に基づき、江戸時代後期の文化文政期から維新期の時代、文化元年（1804）から明治九年（1876）まで、信州松代藩領・広田村（現長野市稲里町）に生きた第四代当主・小林健治の生涯に焦点を当てて書いた〃歴史書〃である。

歴史の表舞台で名を残した人物の一代記は数知れずあり、大河ドラマに仕立てるには格好の素材でもある。しかし、本書のように「百姓」身分の人物に焦点を当て、その生涯を語った例は少ないのではないだろうか。

小林健治の一生には、家長、名主、足軽、郷士など、実に様々な側面がある。それぞれの立場に応じて関係者や藩と交わした文書や記録、あるいは日記が「小林家文書」には多く含まれている。したがって、健治の一生を通して眺めれば、当時の村の暮らしぶりや、松代藩の藩政の一端を知ることが出来る。さらに、百姓の一生にも〃小さな歴史ドラマ〃があることもわかる。

古文書や古記録が人物の心の底まで読み手に曝け出すことはほとんど無いといってよい。本書では、場面によっては人物の心情にまで踏み込んで想像を巡らせている。

歴史の素人である理系老人がこの歳になって目覚め見渡した江戸時代の農村は、意外に新鮮で面白く感じていただけるかもしれない。ただし、書かれた事跡そのものは創作ではなく史料に基づく史実であることは強調しておきたい。

本書の基となる「小林家文書」について説明しておこう。

小林家には先祖が残した種々の史料が所蔵されている。それらのうち「御年貢越石籾名寄人別元帳」のような年貢関係の記録や、「切支丹宗門御改帳」など村人を掌握した記録は、名主として取り扱った公的な記録というべきであろう。先祖が名主や村役人であった旧家なら全国どこにもありそうな史料である。

一方、健治が個人的に書き留めたと思われる冊子も残されている。『経勝花能帳』『御鈊禅帳』、および『御鈊禅実箱写』と表紙に書かれた三種類である。固有の名前がつけられていることからも、私的な帳簿であることがわかる。いわゆる「庄屋日記」などと呼ばれる史料の類と見なせるが、日記の部分は多くはない。「証文」や「覚」などの文書の写しが中心である。いずれも複数あって、番号が付けられている。合計で二十六冊にもなる。

健治の嫡男・小林忠太により編集された綴りも六冊ほどある。こちらは主に幕末の嘉永年間に村役人として集めた、いわゆる「御用留帳《ごようどめちょう》」と呼ばれる類の村の行政文書の写しである。これらからも健治が生きた時代を見ることができる。前記の健治の二十六冊と忠太の六冊、あわせて三十二冊を本書では「小林家文書」と呼んでいる。「小林家文書」の一覧を巻末資料3として示した。

「小林家文書」に目を通して、小林健治の誕生から死までの生涯にわたっての主な事跡を書き出してまとめたものが、巻末資料2「小林健治年譜」である。「目を通して」とは言っても、古文書を斜め読みして理解するのは容易ではないので、わかった範囲のこと、あるいは、たまたま目に入った事跡を拾い上げたという方が正しい。

本書は健治の一生を時間軸で追ったわけではなく、テーマごとに分けて纏めているので、時間を追っての事跡はこの「小林健治年譜」を、適宜参照していただきたい。


古文書の解読についても述べておこう。

素人芸の古文書解読には完璧を望むべくもない。通信講座と公開講座を数回受けた程度では力量不足は否めない。なかなかハードルは高いが、健治の筆跡を読むことが主であったから、そして、暮しの現場に関心を向けるだけであったから、解読を楽しみながら続けることが出来たといってよい。

そんなわけで、本書は古文書解読の作法に従っていない点をおことわりしておく。意訳・現代語訳を基本としており、文書の前後や途中を省略したり、要約で紹介したりしているものもある。漢字や送り仮名も、特殊な場合を除いて現代風に書き換えている。こんなタイプの〝歴史書〟には専門家からお叱りを受けるかもしれない。

そもそも、歴史研究の一次史料として完璧な翻刻文を先ず公開・提供すべきという意見は当然あるだろう。古文書は貴重な研究資料であり、隅々まで丹念に読み取るべきと承知しているが、退職後の道楽仕事としてどうか大目にみていただければ幸いである。そのうえで、賢兄・賢姉のご指摘・ご教示をいただけることを期待したい。

「小林家文書」に含まれる古文書の原典の一部は、長野市公文書館所蔵の「広田区有文書」の中にも収められている。複製史料として閲覧が可能なものもある。

それ以外の「小林家文書」を含む小林家所蔵の史料や古書類は、本書の執筆が終った段階で長野県立歴史館に寄贈されたことも付け加えておこう。

なお、本書では表記に関して、次のように統一した。

・年齢は、当時の慣例にしたがって、すべて数え年で示した。
・女性の名前は、原則として片仮名で表示した。本文の平仮名の中に埋もれると読みにくくなることを配慮したためである。
・年号は和暦を基本としているが、適宜、西暦を（　）内に示した。
・参考文献を巻末に示し、本文中でのその引用番号を［　］内に記した。
・出典の「小林家文書」についても、巻末資料「小林家文書一覧」の参照番号を〈　〉内に記した。
・古史料の漢字は、原典のまま、あるいは翻刻で示す場合を除いて、当用漢字に置き換えた。現在では使われていない「幷《ならびに》」のような漢字・異体字などは、現行の国語表記に換えた。
ただし、「〆《しめ》」はそのままとした。

目次

第一章　出生から家督まで

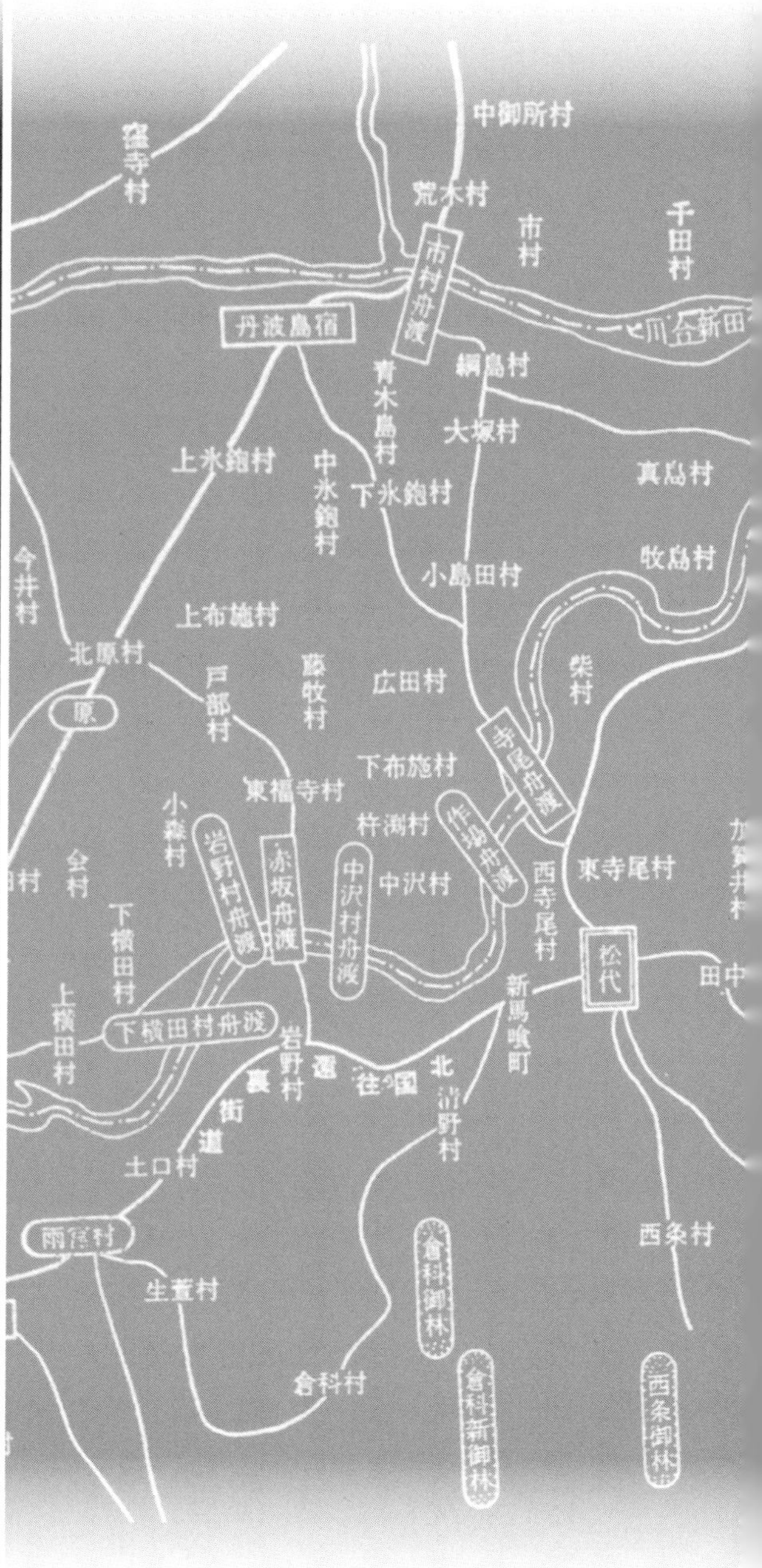

一　生涯を過ごした広田村

本書の主人公、小林家の第四代当主・健治が一生を過ごした広田村とはどんな村であったのか、まずは概観しておこう。ここが文化元年（1804）から明治九年（1876）まで、すなわち江戸後期から幕末を経て維新期まで、七二年間にわたる健治の生涯の舞台ということになる。

広田村は、明治八年まで松代藩領の更級郡広田村として存在した。現在の長野市稲里町である。犀川の南部に広がる扇状地に位置し、南の扇端は千曲川の沖積地と接している。この扇状地は川中島平とよばれ、善光寺平の中でも特に肥沃な稲作地帯である。明治八年には藤牧村および生駒村と合併して田牧村となり、明治二十二年に稲里村となった。言うまでもなく、「稲穂が豊かに実る里」に縁った命名である。

犀川と千曲川に挟まれた地勢ということは、南の松代城下町へ行くには千曲川を渡り、北の善光寺に行くには犀川を渡らねばならない（図1-1）。古来より洪水が多かった歴史にもつながる。寛保二年（1742）の亥の満水（第6章1節）や弘化四年（1847）の弘化地震後の虚空蔵山（岩倉山）の崩落によ

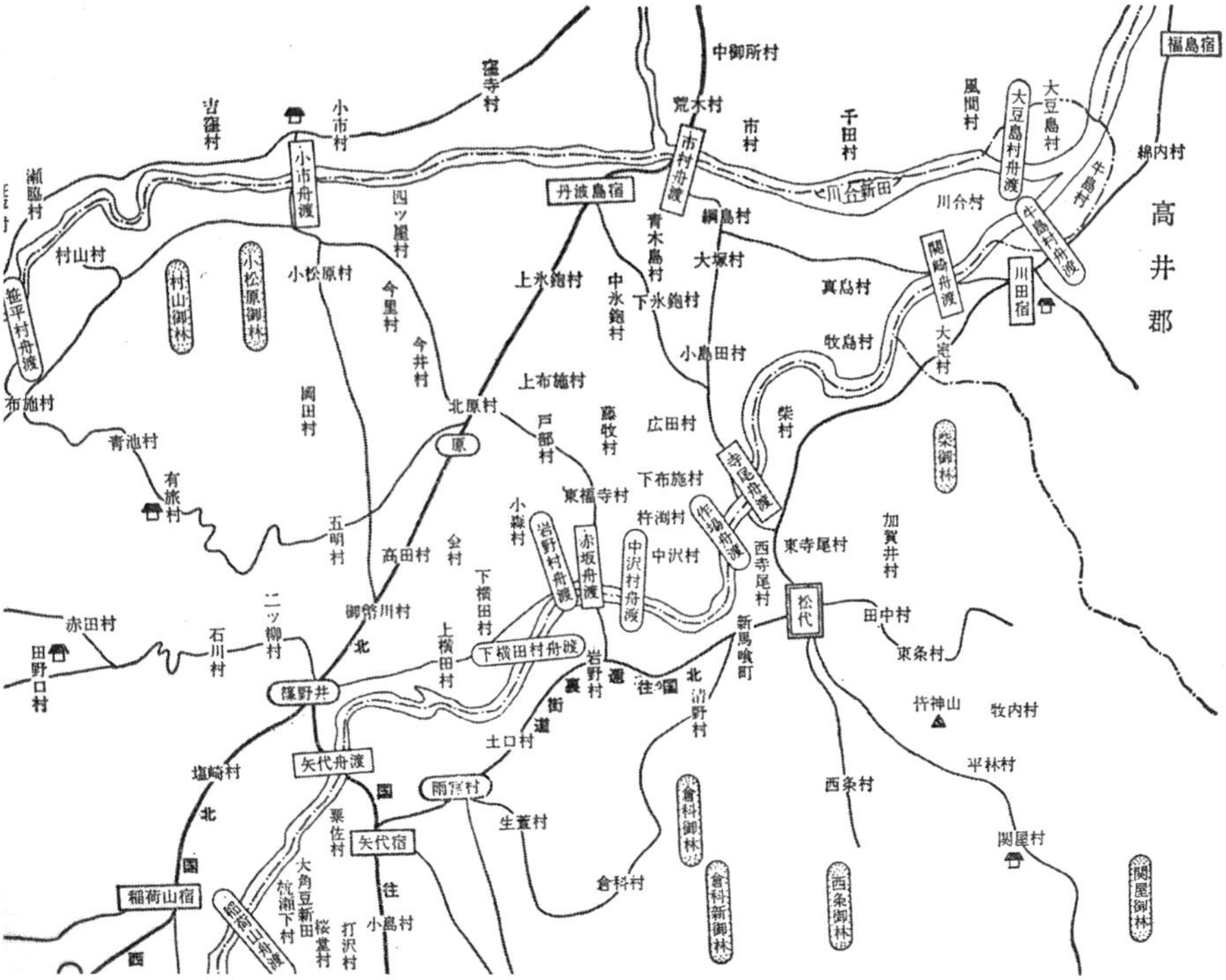

図1-1　更級郡・埴科郡交通路図（嘉永五年）の一部分
『更級埴科地方誌』第三巻近世編 上より[50]

る大洪水（第6章2節）が良く知られているが、そのほかにも大小の洪水がほぼ毎年と言っていいほど起こっている。[29]

歴史的にみて、この地が川中島合戦の激戦の地であったことにも触れておかねばならない。「甲越川中島合戦陣取地理細見図」という絵図がある（口絵図Ⅰ-4）。図の中央、上杉軍と武田軍が対峙した隊列に挟まれて藤牧村と広田村が確認できる。広田村は、まさに川中島合戦の主戦場であったのだ。数度にわたる川中島の合戦は、勝敗のはっきりした戦いではなかった。いわば無駄な戦いであり、川中島とその周辺の人々にとっては、郷士が戦場として荒らされ、兵糧・兵役の徴発を強いられただけであった。

武田信玄と上杉謙信が侵攻する以前、川中島平一帯は北信濃の国衆・村上義清が支配していた。[4][5] 村上義清は武田信玄と幾度か戦いを交えたが、最後は破れて越後へ逃れ、村上氏の本領に戻ることはなかった。村上氏家中も離散する。その後も領主が転封により次々と入れ替わり、川中島の郷土史に空白や混乱を残したのである。

元和八年（1622）、上田藩から移封された真田信之が松代を治めるようになったことにより、ようやく確かな歴史が始まったといってよい。それ以来、松代藩真田十万石は明治になるまで二百五十年近く続くのである。

健治が書き記した小林家の系図に関していうと、古い時代の記述は信憑性に欠ける。ただ、享保十二年（1727）生まれの忠八を第一代とすれば、それ以降の系譜に間違いはない（巻末資料1）。忠八は宗家の小林治左衛門の二男で、宝暦十年（1760）に分家した。忠八以降、佐文治、嘉忠治と続き、小林健治は第四代の当主ということになる。家柄は、少なくとも忠八の時代に遡って在郷足軽の身分であったことは確かで、十五表二人扶持の宛行《あてがい》を受けていた。

宗家の治左衛門より前の先祖は、おそらく川中島合戦後に野武士として土着した一族に繋がるものと思われる。農業に従事しながら村に住んだ武士、いわゆる郷士である。そうと推定する理由はいろいろあるが、一つだけ、小林家は広田砦の跡地にあるということを上げておこう。広田砦は弘治・天文年間（1550年代）の第二次川中島の戦いにあたって武田信玄が造営し、

図1-2 現在の昌龍寺本堂　越屋根の部分に大日方氏の家紋「丸に二つ引両」が見える。左にあるのが、村人の寄合でよく使われた地蔵堂

大日方佐渡守直長に守りを命じた城郭である。その名残の土塁は現在も残されている。天正十年（1582）、武田家滅亡後、大日方直長の子・長家は上杉景勝の家臣となったが、景勝の会津移封には従わず小川村に帰農した。したがって、小林家は旧大日方邸の跡でもある。広田砦の跡地の中には昌龍寺がある。昌龍寺は天正五年（1577）、大日方直長が開基した寺である。小林家の先祖代々の墓がある菩提寺であり、主檀家として支え続けてきた。「宗門人別改帳」における小林家の檀那寺ということになる。

二　出生と祖父からの薫陶

小林健治は十一代将軍・徳川家斉の時代、文化元年（1804）七月二十八日、父・嘉忠治と母・カチの嫡男として誕生した。嘉忠治二十七歳、カチ二十一歳のときである。

健治の誕生にまつわる縁起が記されている。〈1〉祖父・佐文治が書き残したものが元になっているのだろう。

宿縁出生男子幼名恒吉成人して健治

文化元甲子年七月二十八日、寅刻寅日誕生。この年、父嘉忠治、池野端金丹園の薬相求めしに、その中に金仏一寸余の観世音これありて、子年の守本尊とす。足の指三節にして、手の筋左右とも手首より高くて指頭のぼり筋ありて、外指事にのぼり筋あるなり。

寅日寅刻の誕生は縁起が良いとされる。手相についても言っているようだ。〃のぼり筋〃は手相占いの〃昇り龍線〃に相当するのだろうか。開運を見て取ったのであろう。

健治誕生の二年後、文化三年（1806）四月、父・嘉忠治は二十九歳の若さで亡くなる。健治三歳の年である。この時の嘉忠治の辞世が書き留められている。〈1〉

うきふしのながき短きよの中に花の盛を見ぬでちりぬる

「憂き節（つらいこと、かなしいこと）の長いも短いもあるこの世で、せめて花の盛りを見てから終わりたかった」と詠んでいる。花の盛とは、息子・健治が成人して活躍する姿や小林家の繁栄を指しているのだろう。

健治の祖父・佐文治は六人の子を授かったが、成人に達したのは嘉忠治と梅松、ヨキの三人だけである。梅松は嘉忠治がなくなる六年前、寛政十二年（1800）に早世している。嘉忠治の死の翌年、文化四年には妻・チヨをも亡くす。佐文治の落胆は計りしれない。

そんな中、嫡男・嘉忠治の代わりに授かったともいえる孫・健治に対しては、後を継いでくれる男子として格別大きな期待を寄せたに違いない。

実際、健治（幼名・恒吉）の父親役を果たしたのは、この佐文治であった。健治は十二歳の時から佐文治を師匠として剣術、棒術、和術、居合、槍術、長刀、三つ道具などの武術を習い始める。居合は無楽流、その他は正真流である。佐文治は正真流目録を清水常左衛門より取得していたほか、剣術印状免書示現二刀流も塚田与惣右衛門より取得していたから、師匠としての資格は十分あったはずだ。

健治の武芸は砲術にも及ぶ。文政十二年（1829）年、二十六歳の時、中俣佐吉の門弟となる。中俣家は松代藩の砲術を担う家系である。中俣佐吉は江川英龍（太郎左衛門）に西洋砲術を学んで松代藩に持ち帰った人物で、文武学校の砲術師範でもあった。（真田宝物館特別展『松代藩文武学校』カタログより）

健治の〝文〟の修行についても知りたいところだが、元服（男子は十五歳、女子は十三歳）までの幼年期・少年期をどのように過ごしたのか、記録に残る資料は見つからない。健治もまた当時の同年代と同様に寺子屋で学んだのだろうか。

町人文化が花開いた文化・文政期、川中島平の村々にも寺子屋が数多くあった。筆塚が多く残っていることでもわかる。筆塚は寺子屋師匠を忍んで建てられた報恩の石碑である。青木島、小島田など川中島平の中核をなす地域（更北地区）には三十二の寺子屋があった。[6]僧侶や神官のほか、地主や名主など富裕農民も師匠になっていた。

小林家に残された古書をざっと見ただけでも、『論語略解』『論語集註』『孟子』『四書正解』『近世史略』『近古史談』『日本外史』『国史略』『武辺咄聞書』『松王物語』『経済録』『学問ノススメ…初編』『武辺咄聞書』『甲陽軍鑑』『太平記』『忠臣水滸伝』『真田三代記』『甲越信戦録』『武田典厩教訓九十九ケ條』などがある。俳諧書も多い。これら和漢の書に囲まれた環境を考えると、おそらく小林家も寺子屋を開くことができるほどの文化的レベルにあったと思われる。健治は寺子屋に通うまでもなかったのであろう。

健治二十歳、文政六年（1823）の二月に小根山（現在は小川村）の大日方半左衛門三女・ウメ（十七歳）を妻に迎えた。四年後、文政十年七月に嫡男・忠太が誕生するが、ウメはその二か月後、二十一歳の若さで帰らぬ人となる。

二年後の文政十二年八月、杭瀬下村《くいせけむら》（現在は千曲市）の市川庄左衛門四女・フサ（二十一歳）と再婚。健治二十六歳である。フサとの間に二男・繁治、三男・弥兵衛、四男・寛之進、と三人の男子を授かる。なお、フサは結婚後、ムメと名前を変えている。

健治が家督相続をする以前の若年時代の事歴は、小林家文書にはほとんど見当たらない。文政九年（1826）、二十三歳で「御普請方物書見習」を仰せつかり、足軽としての経歴をスタートさせていたが、「物書見習」は記録係のような仕事であろう。健治が得意とする仕事であったのか、あるいはこの仕事が物書を得意とさせたのか。いずれにせよ、以後、生涯にわたり几帳面に記録を書き続けることになる。

その他には文政十年『若者取究連印人別帳』（「広田区有文書　古93デ104―古09」）に名前を見るくらいである。『若者取究連印人別帳』は、若者同士が喧嘩、盗み、大酒、博奕などの不行跡をせぬよう十ケ条の定めを取り決めたもので、五十人近くの村の若者が名を連ねて「お役人衆中」宛てに署名、爪印して差し出した〝人別帳〟（名簿）である。健治はいわゆる若者組の一員として参加していたのだろう。若者とはいえ、この年、健治はすでに二十四歳で、結婚もしている。

三　家督相続

天保三年（1832）七月二十四日、健治の成長にとって大きな存在であった祖父・佐文治が八十歳で亡くなる。この年、以下のような記録がある。[3]

> 天保三年、塔所場へ祖父の墓立てる。ただし、善光寺平井手の石角台尺一寸角の水鉢とも仕上げ五両なり。代々寺の世話人勤める人別、儀左衛門・源左衛門・伊大夫なり。〆四人

塔所場《たつしょば》は単に墓場というよりは、寺の特別の場所を指しているように思われる。小林家の昌龍寺の開基・大日方佐渡守直長の墓塔のある区域だろうか。別格の墓を造り、自分のほかにも代々の世話人を指定して手厚く供養したようだ。

「平井手の石」を使って水鉢も作ったと言っている。「平井手」をネット検索しても、右の記述に当てはまる地名(?)は見つからない。しかし、「平出」から繋がって『庚申塚古墳発掘調査報告書』のウェブサイトの中に「平井手」という地名が出てくるのを見つけた。平成五年（1993）、飯綱町の髻山《もとどりやま》から続く丘陵部に位置する前方後円墳と、塚の上に祀られている庚申塔を調査した際の報告書である。ここに「平井手牧」と刻まれた自然石の庚申塔（年代不明）と「平井出村」と刻まれた灯籠（元禄七年）が建っているという。当時、この辺りは「平井手」と呼ばれ、採石場として名が知れていたことを示している。

さて、佐文治の死の六ケ月前、天保三年正月に健治は家督を相続する。二十九歳の時である。すで

に病床にあって佐文治は自らの死を覚悟していたのであろう。家長としての四十六年間の仕事と成果を顧み、先祖への感謝を述べ、永久家運繁栄を健治に託して、「嫡孫家之子小林健治殿」宛に遺訓を残している。これに応えて健治も遺訓を堅く守ることを誓い、こう記している。

右の条々、相守るべく申し候。以上　広田村　小林健治　源盈修　花押

当辰二十九歳

御祖父　小林佐文治様

佐文治は健治を見込んで後を託し、健治は佐文治を畏敬し薫陶に応えた、そんな両者の関係が感じ取れる。ただし、遺訓も誓約も筆跡から判断して、健治が書いたものである。佐文治が書いたものを、花押まで含めて『御鈊禅帳一』に書き取ったのである。健治の自作自演と見るのは勘繰り過ぎであろう。いずれにせよ、健治が如何に祖父を畏敬していたかを示している。それとともに、家長として家の相続という責務の重さを自覚し、改めて決意を誓ったはずだ。

家長とは、「家産に基づく家業の経営、家の先祖の祭祀を含む家事の運営を遂行した。家産の管理は、家業・家事の経営とともに家長の重要な任務である…」と『日本大百科全書』に書かれている。家業・家事だけでなく、「家を代表し、家の永続繁栄のため率先して献身することを、その家の内外から期

待され要求される存在であった」ともある。まさに、健治の決意そのものである。

健治は村のリーダーとしての自覚も強めていた。佐文治は寛政六年（1794）から同十二年（1800）、四十二歳から四十八歳までの六年間、名主を勤めている。名主家——名主を勤める人物を多く輩出した家という意味を含めよう——の当主として、佐文治から種々の「帳」の類を引き継ぎ、改めて整理し直したのである。〈3〉

天保三年（1832）正月に健治が整理した帳簿には次のようなものがある。

・宗門人別禅宗帳

当村昌龍寺旦中、家数三十二軒、人数百八十九人にして、この帳の真先印判の付け始めなり。

・五人組人別帳

当村十一組の内、一番の組頭にて、判頭なり。

この人別、健治・佐右衛門・良助・嘉右衛門・民右衛門、

その他帳下、藤三郎・平兵衛、勇吉、彦六、〆四人

・当村本新田人別帳

当村本田高〆五百八十石八斗七升五合

新田高〆二百六十四石二斗六升二合

総〆八百四十五石一斗六升二合

・御年貢半知越石名寄人別帳

筆頭、杵渕・三輪・要助・儀左衛門・栄左衛門・佐文治、六人前にして、家数、寺十王堂まで入れ〆九十三軒、人数四百八人、名寄人別六十人

『宗門人別禅宗帳』と『五人組人別帳』は、広田村の住民基本台帳ともいえる帳簿である。判頭は一定以上の本田を所有する本百姓である。一打百姓あるいは一軒前などともいう。

下判（分家など）や帳下（遠方からの編入家など）は、判頭の帳面を借用して登録されていた。村には五人組のグループが十一組あり、建治はその中の一番組の組頭となったのである。

当時は本百姓の家長のみが印鑑を所持し、行使する権限を持っていた。新たに判頭になると判をつくって（印形所持により）、各帳面に記載される名前に印判を押すことになる。「真先印判の付け始めなり」の記述からは、判頭になった意気込みのようなものが伝わってくる。

『宗門人別禅宗帳』によれば、昌龍寺の壇中（檀家）は三十二軒、人数百八十九人である。一方、『御年貢半知越石名寄人別帳』では、広田村の人口が四百八人、戸数は九十三軒とある。昌龍寺以外の寺を旦那寺とする者も、かなりいたことになる。名寄人別六十人は、広田村で年貢上納の責任者にあたる本百姓が六十人ということである。小前百姓や帳下など弱小の百姓は、主家に当たる本百姓の名義

のもとに一括されていた。

『当村本新田人別帳』には村高が記されている。八百四十五石あまりの村高は全国平均からみて、かなり高い水準にある。例えば、水本邦彦『村―百姓たちの近世』（岩波新書）では、天保郷帳に基づいて全国の平均村高はおよそ四百八十一石と見積もられている。[24] 川中島平の村には、千石を越える村―小島田村、真島村、東福寺村など―や、千石に近い村―西寺尾村、小松原村、布施五明村など―もあるので、穀倉地帯と言って間違いはない。[55]

健治が佐文治から引き継いだ小林家の家産（所持高）についても触れておこう。『御鈊禅実箱写二』によると、七十五石六斗五升五勺である。幾つかの成書を参考にすると、二十石以上は上層の百姓とする例が多いようなので、この石高は、確かに豪農と呼ぶことができる。

明治九年、地租改正の当時、旧石高を七十五石五斗六升と書いた記録がある。〈4〉この石高は天保の頃と変わっていないが、質地証文や土地譲渡証文などが多数残されていることから、実際の石高はずっと増えていたはずである。それら増加分は、別家や親族へ譲ったものと推定される。例えば、安政六年、二男・繁治の分家の際には、本田高十四石、新田高六石、合計二十石余りを分地している。繁治は分家と同時に判頭になれたはずである。

余聞の節　一

白山妙理大権現

小林家の母屋の裏庭に小さな祠が祀られている（図1－3）。これは、『御鈊禅帳参』に見る白山妙理大権現である。〈3〉災厄よけとして家の北東の方角（鬼門）に祀られ、その由来が書かれている。

白山妙理大権現
　右は、当屋敷御先代より申し伝い御鎮所宮・鬼門除にして、毎年三月十八日御薬《みくすり》の儀《ぎ》は祖父佐文治より相始まりしなり。
　御本体は伊弉冉《いざなみ》命なり。御本社は加賀の国・石河郡白山姫の神社、白山禅神禅宗の大御神なり。当国にては小縣

図1-3　白山妙理大権現の小祠

郡上田の在、真田村大社にして神宮寺などこれあり。奥の院は四阿山大権現、松代にて上田に御座なされる時の鬼門除けなり。四月十七日、奥の院より里宮へ下り給うにつき、真田村にて大祭なり。

真田村大社は、真田氏出自の地・真田郷の山家《やまが》神社を指しているようだ。山家神社は代々真田氏の崇敬きわめて厚く、その奥社は四阿山山頂にあり、加賀の「白山比咩《ひめ》神社」の分霊を合祀している。祭神名に、伊邪那美神《いざなみのかみ》もある。たしかに、例大祭は四月十七日である。神仏習合により白山寺が神宮寺として共存していたことも間違いない。

屋敷の守護神「屋敷神」として祀られる神は、稲荷神や八幡神などの例が多いが、小林健治家はなぜ代々白山大権現だったのか、その理由が推定できる。領主・真田氏への忠心崇敬の念が強く、守護神を共有したのであろう。まるで〝忠臣〟の振舞である。

健治は、「松代太守真田家御命日」という記録まで書き残している。「大鋒院殿鉄眼一当大居士」・御先代伊豆守信幸（信之）から、「感応院殿室実一誠居士」・御第八代信濃守幸貫と、その子「大雲院殿道隆一潤大居士」・御若死豊後守幸良まで、戒名と没年を書き留めているのである。

百姓には、慈悲深い領主様あっての百姓の暮らしという意識があったようだ。村方からの「口上覚」によく現れる〝御慈悲〟、〝御憐愍〟、〝御厚恩〟などの言葉も、同じ心情の現れであろう。戦場として荒らされ、累代の武家一門が遠来の地に去った川中島平が、ようやく名声、実力ともに備わった領主の下に置かれ、先祖から受けついだ土地のアイデンティティーが確立したと思ったに違いない。真田氏による平安な統治が続くことを願ってやまなかったのだろう。

百姓は領主から抑圧されるのみで貧困にして惨めな存在であった、というわけではないというのが、最近の学説のようだ（たとえば、若尾政希『百姓一揆』岩波新書）。一方、領主側にも、領主たるものは民を憐み恩《めぐ》み、生存を保証する責務があるという意識があったという。

ただし、慈悲深くあるべき領主の悪政にたいしては、訴願、あるいは一揆という行動に出て、仁政回復を求めたのである。

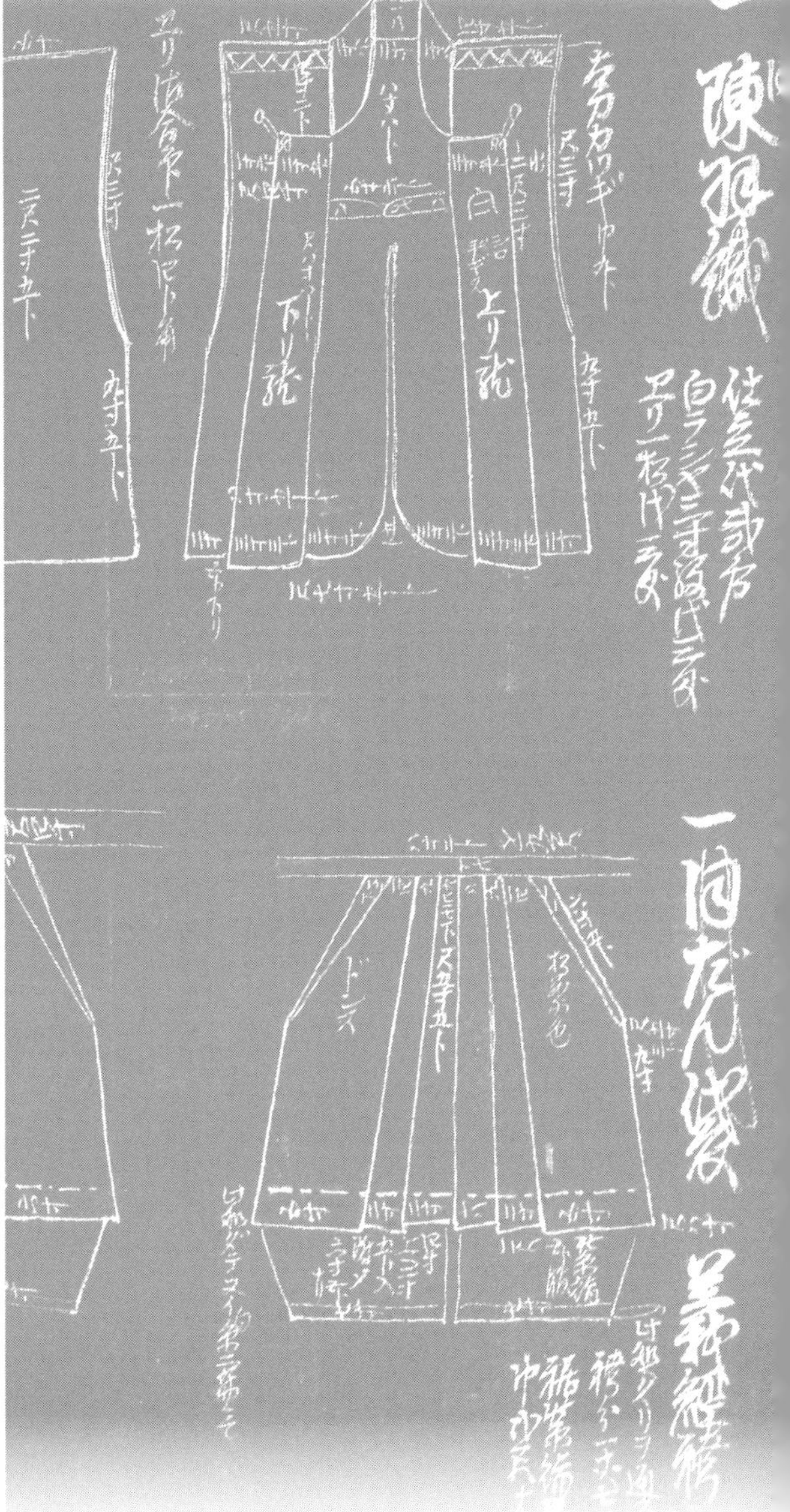

第二章　在郷足軽・評定所付同心として

一　在郷足軽としての履歴

小林家の代々の身分は村に住む百姓で、農業を生業としていた。それと同時に足軽でもあった。すなわち在郷足軽である。慶應二年の「御足軽住所」という資料によれば[50]、松代藩には六百人余りの在郷足軽がいて、そのうち十三人が広田村に居住していた。城下に住む足軽は約二百三十人であったから、在郷足軽の方が圧倒的に多かった。

足軽には扶持米が俸給として藩から与えられ、下層とはいえ藩の職制に組み入れられた武士の端くれでもあった。しかし、土地持ちの在郷足軽は百姓を本業と心得ていたはずで、百姓であれば藩に対して年貢を納める立場にある。在郷足軽とは下層武士と百姓を兼ねた奇妙な身分ということになる。

足軽の俸給について触れておこう。当時、松代藩の足軽の宛行は十五表二人扶持が普通であった。十五俵は本給に相当する部分（切米）である。

二人扶持は職務手当に相当し、一人一日玄米五合を基準にして月俸一斗五升が毎月支給されるので、二人扶持では月俸三斗となる。一年で二人扶持だと一俵を三斗五升として、およそ玄米十俵という勘定になる。

戦のない時代、松代藩では足軽は行政的な仕事に組み込まれ、主に同心という職務に就いていた。同心というと十手を腰に江戸市中で町人を取り締まる下級役人を思い起こす。一方、足軽は、いざ戦となれば武士として戦場で働く下級武士・雑兵のイメージである。

小林家の文書の中には、「堀田覚兵衛付同心」のように「…付同心」と記されている文書が多い。足軽は上級藩士に組み分けられて、それぞれの配下で藩士の手足となって働いたのである。所属する上級藩士の名によって、「堀田覚兵衛付同心」のように呼ばれていた。藩士付の足軽は、幾つかの班ないし小隊に組織されていて、その小隊長に相当するのが足軽小頭である。

健治の在郷足軽に関係する履歴から、在郷足軽の実像の一端を探ってみよう。

文政九戌年　　小頭　小林佐文治倅　健治

御奉公筋見習いたくの旨、願いにより御普請方物書見習これを申しつく。

四月二十五日

健治が二十九歳で家督を相続する以前の、文政九年（1826）に「御普請方御物書見習」を仰せつかり、見習いとはいえ、すでに在郷足軽としての勤めが始まっていたのである。〈4〉二十三歳の時である。

小林佐文治倅とあるが、他人が見ると親子にみえたのであろう。祖父と孫との関係がいかに濃密であったかを示している。佐文治が小頭をしていたこともわかる。

藩からの正式文書に小林佐文治と苗字が書かれている。遅くとも佐文治の時代には、すでに永苗字御免の足軽であったこともわかる。〈4〉ちなみに江戸時代には百姓も苗字を持っていたが、村の外向きには使うことができなかった。「苗字御免」でなければ、藩や村々への遣り取りの文書には苗字を使わず名前だけの署名ということになる。

さらに、足軽として次のような役を仰せつかっている。〈27〉

文政十年（1827）四月　御援兵一の手三つ道具

天保二年（1831）五月　堀田覚兵衛様御役付き同心

「三つ道具」は、突棒《つくぼう》、刺股《さすまた》、袖搦《そでがらみ》を指す。これらの武器を手にして、援兵の一番手として戦う部隊であろう。

天保三年、一月の家督相続に際し、健治は足軽の身分も跡式相続した。この時、寄親・堀田覚兵衛様をはじめ、藩の役人・御普請方や御郡方へ挨拶廻りをしている。堀田覚兵衛は、在郷足軽の身元引受人的な立場、すなわち寄り親でもある。

その後は、次のように続く。

天保三年（1832）八月　御普請方御物書本役、武芸掛り兼帯御役

天保五年十二月　菅沼九兵衛様御役付き同心

菅沼九兵衛付きの同心を仰せつかった足軽には、健治のほかに、久平と銀右衛門もいた。その時の任命文書では、健治だけが苗字付きで書かれている。
天保五年以降は役目が年毎に替わっている。〈27〉

天保六年（1835）正月　元方御金奉行御物書　三十二歳

七年　二月　右御役御免、御火消方

八年　八月　表御納戸元〆　三十四歳

九年　三月　金井善兵衛様御預同心

十二月　表御納戸御役御免

御松飾御用

十年　三月　御評定所付　三十六歳

十五年（１８４４）十一月　助勢御人数三之手旗役ひかえ
弘化　三年（１８４６）　御武具方元〆　四十三歳
　四年四月　御武具方御役御免
　五月　火消

天保八年の「表御納戸元〆」役は、藩邸の備品や調度などの購入や所蔵の管理をする部署であろう。健治がこの役職にあったことは、松代藩の史料にも見つかる。[30] 松代藩士・飯島勝休が藩命を受けて納戸役の沿革を調べた草稿の中で、「元〆先輩よりの名面」として健治の名が上がり、「天保七申年九月より、同十亥年九月迄」とある。健治の記録と時期は少しずれているが、要職に取り立てられていたことは間違いない。

天保九年の「御松飾御用」は、十二月に任用されたことからも、正月の御殿の門松設置に関わる業務と考えられる。そんな掛りをわざわざ置くほど、新年への準備は重要だったのだろう。倉橋真紀「仙台城の門松を復元する——伊達政宗のみていた正月飾り」（東北福祉大学『生涯学習支援室年報』２１号、２０２０年）によると、仙台藩では松飾りの材料を領民の百姓が献上し、代わりに藩主からご祝儀をいただくしきたりであった。しかし、しだいに献上が義務のようになって百姓が離反した結果、「御門松建て役《おかどまつたてやく》」という肩書の藩士が生まれたという。松代藩の「御松飾御用」も同じようなものだろう。

天保十年に「御評定所付」を仰せつかった後は、五年以上この職に留まっている。訴訟に関わる現場での勤務が続いたのである。

天保十五年の「助勢御人数三之手旗役」とは、〃旗役〃を〃旗振り役〃と解釈すれば、三番手の援軍部隊の隊長とでもいう役回りであろうか。

その後、嘉永三年（1850）十二月十日、四十七歳のとき、「元方御金奉行御物書」となる。「元方御金奉行」は藩の収入を扱う重要部署である。

天保六年にも同じ役に就いているが、次に示すのは、嘉永三年の時の呼び出し状である。〈4〉着任の正式手続が必要だったのだ。

嘉永三戌年　　小林健治殿　　大嶋富作

明朝五時《いつつどき》評定所へ罷り出て、役義の誓詞血判相勤むべく候。以上

十二月二十五日

誓詞を書いて血判を押すほどだから、「物書」とはいえ非常に重要な役目だったことがわかる。

足軽の本来の仕事は兵士として戦いに出ることである。戦の無い時代とはいえ、日頃の訓練を怠ることはなかった。以下のような御賞の文書から、それがわかる。〈4〉

天保四年　剣術指南致し奇特の事につき、御酒これを下さる。
九年　年来武芸出精、門弟もこれあり、一段の事に候。
　これにより御酒を下さる。
十五年　当春中砲術見分の節、十匁筒皆中致し一段の事に候。
　これにより御褒美として煙硝三百匁これを下さる。

いずれも武芸に励んだことに対する褒美である。最後の天保十五年（弘化元年）は、健治四十一歳である。砲術とあるように、健治は剣術だけでなく銃器の腕も優れていたのだろうか。確かに、硝煙は貴重品であったろう。しかし、こんなものを褒美にもらっても実際に訓練する機会があったとは思えないのだが。

二　足軽小頭として

祖父・佐文治から足軽身分を相続した健治は、同時に小頭の役も受け継いでいた。健治が足軽小頭として関与したと思われる文書が多く残されている。配下の足軽の調書を取ったり、相続の確認だったり、足軽からの要望を割番所へ取り継いだりする類のものが目に付く。

割番所は、同心が勤務する役所である。足軽奉行が監督・指揮し、出勤のシフトなども指示していた。割番所は松代の片羽町にあった。現在、史跡の鐘楼が設置されている場所である。鐘楼の鐘は、時を知らせるとともに、火災の急を告げるためにも利用された。いずれも割番所の足軽の仕事であった。

割番所へは毎日出勤するわけではなかったようだ。ただし、非番であっても何か呼び出しがあれば、松代の片羽町まで出向いたのである。この呼び出しの仕事を担当する足軽は「小触れ」と呼ばれた。召集の通知書をもって、在郷足軽のもとへ駆けつけたのである。健治の記録の中にも「小触れ参り……」という記述がしばしば現れる。

健治が小頭を勤める足軽の一統は健治組と呼ばれ、ここに所属する足軽の個人調書のようなものを、小頭が一括して上に報告した。たとえば、健治組の安左衛門（当年四歳）について、宛行が籾十五表二人扶持で、実父の久平が後見人で、久平は青木島在住で、正真流剣術槍術居合と武清流砲術を修業していて、「割番所出人廻し」を勤めている、ことなどが記されている。

同様の形式で健治組の栄兵衛、源左衛門、栄之助の三人についても書かれ、最後に奥書《おくがき》を次のように記している。

右の通り、私組銘々御宛行ならびに勤方、武芸など明細取り調べ、御書き上げ仕り候。以上

午三月　　　　　小林健治　　判

健治組の四人の明細を藩に報告したのである。健治四十三歳の年である。足軽の宛行は、藩から小頭に渡り、小頭が組員に配布していた。[36]組に属する足軽の退役も、足軽小頭を介して藩に報告された。

例えば、小林健治組の吉郎左衛門が健治宛てに出した「口上覚」は、「私はもともと足痛の持病があり、仁科不休庵薬を服用していましたが、三十八歳になった近年、特に酷くなって、いろいろ養生したが改善しません。足軽奉公が続けられないため、従弟の金左衛門三十四歳を養子として相続させたいのでよろしくお願いします。」と書かれ、口上書の最後に、

右の通り、私組吉郎左衛門願い奉り候趣、吟味仕り候ところ、相違御座なく候につき、願いの通り仰せつけられ下しおかれ候よう、仕りたく存じ奉り候。以上

小林健治　　判

と、健治が奥書をして藩に届け出ている。

似たような文書は多く残されているが、それらの多くが病気を理由にしているのも面白い。仮病であっても理由にはしやすかったのだろう。

配下の足軽の借金の証人のような役をすることもあったようだ。金左衛門が吉郎左衛門から十両の借金をしたさい、「借用申す金子証文の事」の借用証文に、健治は「右の趣、相違御座なく候につき、奥印いたし候。以上」と書いて奥印を押している。

足軽には、殿様の江戸参府や日光社参などにお供するという大きな仕事もあった。江戸幕府の将軍が徳川家康の墓所がある日光東照宮へお参りに行く、いわゆる日光社参は江戸時代を通じて十九回行われている。これに諸藩の藩主も同行を求められた。文政五年（１８２２）には松代藩主が動員された。松代藩主が真田幸専《ゆきたか》の時代で、徳川家斉《いえなり》の名代として東照宮参拝を仰せつかり、大部隊の家臣を引き連れ日光へ社参した。[32]

天保十四年（１８４３）が最後の日光参社で、徳川家慶《いえよし》によって行われた。松代藩主は真田幸貫《ゆきつら》の時代になるが、実際には、若殿様が出かけた。[32] すなわち真田幸教《ゆきのり》が出向いたのである。

上級藩士とともに、配下の足軽もお供で同道した。先ずは江戸に出て、そこから日光へ行くことになる。足軽への支度金は江戸までの分が支払われたが、江戸と日光間についての手当は支給が無かった。そこで、健治組の四人の足軽が、組頭の健治にとりなしを願い出ている。健治も割番所宛に、「前書の通り、私組一同願い奉り候趣もっともの儀と存じ奉り候。この段幾重にも御とりなし下さるべく仰せ上げ願い奉り候」と書いて口添えしている。

参勤交代では、お供だけでなく江戸藩邸での勤務、すなわち江戸詰の勤務も伴う。徴用されると給金は支払われたが、村で集めた最合金《もあいきん》は出さないようにと指示されていた。

若い足軽には江戸は魅力であったろうが、概して、江戸詰めは引き受けたくない仕事だったようだ。一年間の旅住まいに加え、その間の農耕・収穫の働き手が不在になるのは御勘弁ということだろう。江戸詰めを逃れたいためだろう、病気を理由に跡式相続を願い出た事例もある〈27〉。

三　足軽株の譲渡

足軽という身分は生涯続けられるわけではなく、ある時点で隠居することになる。その最も一般的と思われる方法が、息子あるいは養子にした親族への足軽相続である。佐文治から健治への場合（祖父から孫へ）もこれに当てはまる。一方で、親族とは縁のない他人を養子にして、相続させることもあった。金銭で足軽身分が売り買いされるのである。いわゆる、「足軽株」の売買である。「株」の取り引きに似ていることから、こう呼ばれるようになった。

意外なことに、健治も足軽株、しかも足軽小頭株を譲渡している。安政五年（１８５８）十二月、五十五歳の時である。

「御奉公譲証文之事」という記録から、この一件が読み取れる。[3]健治は新作という人物を養子にして、足軽小頭株を新作に譲ること、それまで健治が受けていた切米籾十五表二人扶持を新作に譲り、さらに新作の今後のため永々扶助金百両を与えるという。この扶助金が確かに健治から新作に渡ったことの証文があり、高橋就右衛門の奥書奥印がある。健治は当時、高橋就右衛門付き同心であったと思われる。

足軽小頭株を百両で新作に譲渡し、自身は足軽から隠居したことになる。確かに、これ以降、足軽としての事跡は見られないが、より藩士に近い仕事、すなわち「新用水路掛」と「商法方」として藩の仕事に携わるのである。

この足軽株譲渡の事歴にはいろいろ不可解な点がある。足軽は足軽家督として嫡男・忠太に譲るのが普通であろう。引受人・新作についても、松代の住人という以外は何も情報がない。健治が新作を養子にしたという記録は、この証文の他には見当たらない。
そして何より健治の場合、足軽株の譲渡は経済的困窮が原因ではない。健治クラスの富裕百姓なら、むしろ足軽株を買い取って他人に代理を勤めさせ、その上前をはねることもできただろう。このような事例は、幕末に近づくにつれ足軽の後見人や代番勤めが多くなったことを、説明できるという。[36]
さらに思いがけない動きが、時期を同じくして安政五年十二月にみられる。〈4〉

安政五年午年十二月　松代浪人住居小林七郎跡式相続、総入料七十五両也

という記録である。

安政五年（1858）前後を境に、健治はこれまでの在郷足軽から浪人へと身分を変えるのである。この一連の動きについては、後で再び触れることとするが（第10章2節）、深谷克己『江戸時代の身分願望─身上りと上下無し』と白川部達夫・山本英二『村の身分と由緒』を読むに及んで、[16][17]不可解と言った疑問は解消する。より上位の身分・格式に近づきたいという上昇志向が健治にはあったのだ。これは〝身上り願望〟という言葉で表され、健治の一生を見る上で欠かせない重要な視点であることを教えられたのである。

たしかに健治の身分上昇志向は、様々な履歴に見え隠れする。在郷足軽が百姓と武士の中間的な立

場であれば、正真正銘の武士身分への上昇志向が生まれるのは自然の成り行きであっただろう。

四　評定所付同心として記録した事件簿

健治は天保十年（１８３９）に評定所付を命じられる。評定所であるから藩の司法の一端を担うことになる。とはいっても、評定に加わったわけではなく、やはり物書きが仕事であった。雑兵というイメージの足軽はもとより、割番所に勤める同心よりもずっと藩士に近い仕事という印象を受ける。

『経勝花能帳　第二』と題された綴りは、健治が評定所付勤務の間に書かれたものと思われる〈7〉。表紙には「極内秘書」と書かれ、目録の部分には「他見他言無用」とある。

目録では「大岡村隠質隠酒一件」や「鼠宿一件」のほか、六つの項目を示している。一種の事件簿のようだ。それらの事件は、すべて他村の出来事である。また、「鼠宿一件」をのぞいて、すべて健治の時代より以前の出来事である。評定所付の勤務の間に、目についた古い記録を密かに写し取ったのではないかと推定される。そのため、「極内秘書」や「他見他言無用」と書いたのだろう。公文書を自宅に私蔵したようものだ。

目録にある幾つかの事件のうちから三つを紹介しよう。

福島村より他国者病死訴書

当初、木曽の福島と勘違いしていたが、福島村は現在の須坂市に含まれ、北国街道の松代廻りの宿場として栄えていた。**図1―1**の右上隅に福島宿が確認できる。

当時は中山道の福島と同じくらいの知名度があったらしい。明治十一年ころ、アーネスト・サトウが木曽福島へ着いたとき、予定の荷物が届いておらず、この須坂の福島へ間違って配送されてしまったのではないかという話があるという。[48] ちなみにアーネスト・サトウは文久二年以来、イギリスの外交官として何度か日本に駐在している。明治十一年は三度目の来日で、この年、大町から北アルプスを横断して富山に抜ける旅をしている。

「他国者病死訴書」は、松代藩領福島村名主・庄左衛門から奉行所への届出の文書である。越後の最勝寺を旦那寺とする比丘尼・釈妙聲が浄土真宗本山・京都本願寺参りの帰途、病気で歩行困難となった。福島村の組頭・仁兵衛方に引き取られ、医師・堀玄探の診察を受けたが、その甲斐なく亡くなってしまった。後の処置について、比丘尼が携帯していた誓約書を添えて、庄左衛門が福島村の奉行所に差し出したのである。連れの女性が一人いたので、二人旅だったようだ。

比丘尼が所持していた書付は、越後国頸城郡水吉村の最勝寺が宿々村々御役人中宛に書いた文書で、「もし病死などで果てることがあれば、お世話になりますが、如何様にも葬ってください。国元へ知らせる必要もありません」と書かれている。

寛政七年（1795）であるから、広田村では佐文治が名主をしていた時代である。当時は旅の途上で亡くなる例は多かったようだ。そこで、出立地の村や親類に迷惑をかけぬよう、如何様にも取り扱って結構という覚悟の文書を携帯したのである。

健治の時代、文久二年（1862）にも似たような事例がある（「広田区有文書」古93デ202古17）。広田村役人衆中に宛てた文書「善光寺参詣途中娘トヨ相果て、寺院取り置方一札」である。トヨには母・トワが同行していた。このトワが、広田村での養生看病や医師の診断などへの礼とともに、死後の扱いを当地の寺院にお任せすると書いている。三州賀茂郡永太郎村から善光寺詣に来た途上の出来事であった。

女性二人だけで、よく旅ができたものと感心するが、これは意外なことではないという。[19] 宿や街道というインフラが整っていたこと、旅を企画する情報が入手できたこと、旅先から便りをだせる通信システム（飛脚）が整備されていたことなどに加え、旅の安全が確信できたことが大きかった。旅人が発病した場合、名主から道中奉行所への報告、投薬、病死の場合の埋葬など、手厚い対応が義務付けられていたのだ。「他国者病死訴書」の一件を見れば、それも納得できる。

大岡村隠質隠酒一件

質屋を営むには藩に届け出て許可を受ける必要があったが、届を出さずに闇で質商売をする者もいたようだ。

大岡村隠質隠酒一件は、隠れ質商売が発覚して、咎めを受けた出来事である。享和二年（1802）十月、健治が生まれる二年前の他村・大岡村のことであり、健治にとっても昔の出来事であったろう。そんな文書も廃棄されず、健治が評定所付の仕事で目にすることができたのだ。昨今の公文書保存の杜撰さに比べても驚くべきことではないだろうか。

この一件の主、大岡村・宮平組の兵五郎から奉行所あてに出された口上書には、

私は、数年前より、塩・茶・油、ならびに小間物類の商売をしておりますが、村人の中には、欲しい品があっても直ぐに代金を払うことが出来ない者もいました。支払いが出来るまで暫くの間、作道具、穀類、あるいは衣類などを預け置かせてくださいと頼んでまいりました。

他にも、上納金の工面が出来ない者が、一時的に金を借りていく（〝時借り〟する）こともあり…

とある。

支払い金に困って物品を預けた側に対して、便宜を図ってやったような感じを与える書き方である。当初は、その通りだったかもしれないが、十一年前からやっていたというから、間違いなく隠れ質商売である。

実は、兵五郎は隠れ質だけでなく隠れ酒商売もしていた。これも、客の方から要望された体のことを言っている。

…さらに揚げ酒の件については、私はもともと酒好きなので酒造屋から酒を買い揃えていたところ、塩や茶を買いに来た者から酒が欲しいと頼まれるようになりました。五年前から、少しばかり分け与え代金を受けとるようになった次第です。…

「揚げ酒」は酒の卸や小売りで、「酒造屋」は造り酒屋である。どちらも藩の鑑札を必要としたのである。

口上書には大岡村村役人が〝承届《うけとどけ》〟した、つまり尋問して確認した奥書がある。この奥書には、享和二年の大岡村三役人のほか、過去十一年間に名主を勤めた弥四郎、団右衛門、小文治までもが奥印している。兵五郎のほかにも、過去に隠質あるいは隠揚酒商売をしていた者が芋ずる式に見つかって、当時の名主までが奥印する羽目になったのである。

兵五郎たちは冥加金も収めていなかったはずである。冥加金は、独占的な商売を始めたさいに利益の一部を納める租税である。揚酒、蚕種、油絞、煙草などの商売や、髪結の者など多様な商売に課せられていた（「真田家文書目録」（01）／05藩政（3092））。

鼠宿一件

内容が最も多いのが「鼠宿一件」で、紙数合百四枚のうち七十二枚にも及ぶ。実際に健治の時代の出来事であり、評定所付同心として職方・菅沼弥惣右衛門の下で関わった事件の記録である。

鼠宿《ねずみじゅく》は、北国街道沿いの宿場町である。上田宿と坂木宿の間にあり、幕府からは正式には認められていなかったため、松代藩の私的な宿場町・休息所として利用されていた。上田藩との境界にあるから、人物改めや物資の出入り取締りのため、口留番所が置かれていた。口留番所は関所風の監視所である。

一件の内容を簡単に言えば、天保十一年（1840）八月、産神様の村祭りの夜、鼠宿村と新地村の若者が対立する騒動を起こし、新地村の山崎倉之丞が鼠宿村の権左衛門と太重の二人を切りつけるという傷害事件になったのである。

関わった若者・親類・知人からの証言、疵の見立て、吟味、そして処分にいたるまで、数多くの文書が事件の翌日八月九日から十二月十八日まで行き来する。それらが「鼠宿一件留書」として整理され、綴じられている。

事件に至る背景も読み取れる。産神祭は鼠宿村と新地村にとって年に一度の大イベントであるが、特にこの年は、十三年振りに花火と角力の興行が復活した。それまでは、不作や種々の故障が重なり自粛したようだ。今年は「田畑ともよろしく陽柄立ち直った」ために、若者の要望が採り入れられて行われることになった。しかし、もともと両村の若者は〝馴れ合い〟が悪かったため、心配した村のリーダーたちは、大神楽の舞を一か所にしないで、神主の庭と御茶屋と二か所に分散し時間差を設けて行うことにした。

それでも、些細な言い合いから騒動に発展してしまった。

山車や神輿どうしのせめぎあいで済んだ喧嘩なら、それも神事と心得ていたはずだ。しかし、村の若者どうしが相手を疵つけるほどの本気の喧嘩になってしまった。子供じみてはいるが、久しぶりの祭が若者のエネルギーの発散の場になったのだろう。現代においても、コロナ禍での自粛生活が解けたあとの祭礼やハロウインの騒ぎは同じようなものだ。

そもそも、鼠宿は新地村と鼠宿村の共同経営であったというから、氏神様を共有していたとはいえ、何かと対立する素地があったのだろう。

背景の他にも幾つか注目すべき点がある。加害者には山崎という苗字がある。山崎万助様倅倉之丞殿と、〝様〟や〝殿〟を付けて呼ばれている。しかも、山崎倉之丞は帯刀していた。倉之丞は村の若者とはいえ、特別の格式を持つ家柄の者であることがわかる。なお、当初の文書では〝倉之丞〟と書かれているが、後に〝内藏丞〟となっている。

評定所で吟味されることになるが、それまで内藏丞は「城下親類に預け申し付けられ」、太十は、医師の山本伯泉から評定所宛に「治療中なれば村下」の申し出により村預けとなっている。

「明日八ツ時より評定所に於いて、御一同で吟味相願い置き、御相談申し上げ候」という〝回章〟(意見を書き入れて回す回覧)が菅沼弥惣右衛門から吟味に参加する役人に回る。これには、「山崎万助の口上書」や「穿さく書」などが添付されている。〝御一同〟は、松木源八、寺内多宮、磯田音門、山寺源太夫、岡島庄蔵、金児丈助を指し、菅沼弥惣右衛門を加えて七人である。それぞれが意見を書いたうえで、回章を次にまわしている。

源八様　　御廻り常の趣、御もっともに存じ奉り候。いずれ評定所ものに存じ奉り候。
前段申し上げ方御座なく、宜しく頼み奉り候。以上

多宮様
音門様　御手数の儀宜しく願い奉り候。
源太夫様　御手数至極の儀、宜しく願い奉り候。
庄蔵様　御手数の儀、宜しくお願い奉り候。
丈助様　宜しきよう願い奉り候。夜のお手数の義願い奉り候。

多宮様については空欄になっているが、別途、内藏丞の父・山崎万助を吟味しており、「山崎万助申立候儀に付き申し上げ　寺内多宮」という口上覚を添付している。

さて、評定所での評議が始まって十一月に、評議の結果が出る。

永牢申しつくべくところ、疵人に相なり候につき、
永押込　太兵衛子　太十　子・二十二歳
押込　但し百日位　太右衛門子　岩吉　子・三十四歳
半左衛門子　富弥　子・三十歳
押込　但し三十日位　太十親　太兵衛　子・五十二歳

無構　　　　　　　　　　　　権左衛門　子・三十歳
無構　　　　　　　　　　　　茂左衛門　子・二十五歳
急度叱り　　　　与惣衛門ほか
過料銭　三貫文　名主ほか村役人

【年齢の前の〝子〟は、天保十一年〝子〟年における年齢という意味である。太重はある時点から太十と書かれている。】

驚いたことに、疵を負わせた側の新地村の山崎内藏丞は罪に問われず、疵を負った太十が最も重い刑である。岩吉と富弥は、年齢からして鼠宿村の若者の指導的な立場にあったのだろう。刑を受けたのは鼠宿村の側ばかりで、新地村の側は〝構え無し〟(無罪放免)か〝急度《きっと》叱り〟(厳しい叱責)だけである。身分や格式の上下関係が現れた評決なのだろう。

最終判決は十二月に出たようだ。健治の記録からは読み取りにくいところがあるが、十一月の評決と基本的に変わらなかったとみてよい。

評決に至る迄、多くの文書が同心付足軽小頭である健治の手によって漏れなく記録され、整理されていた。健治の几帳面な仕事ぶりを見て取れる。

余聞の節　二

陣羽織

『御鉇禅帳三』〈2〉には、足軽が纏った陣羽織の図が描かれている（図2−1）。陣羽織とセットで下半身の着衣となるのが〃だん袋〃である。永続什物具足付道具を示したページには、具足櫃《ぐそくひつ》、背負筒、指物竿が描かれている。

いざ合戦となれば、このような身支度で出陣するのだろうが、実際に着用することはなかったはずだ。白ラシャやドンスなどの素材を使っていることから、かなり上等な陣羽織とだん袋に仕上がるのだろう。だん袋には、「義経袴仕立て」と書かれている。源義経が陣中で用いた袴に似せた復古調の仕立てで、江戸時代の武士が外出用に着用したという。図には「エリ御合印一松四分角」と書かれているのが見える。〃合印《あいじるし》〃とは、家紋とは別に使用された藩の略章である。両軍入り乱れての合戦の中で、あるいは討ち死にした際の、敵・味方の標識となる。

足軽道具とも言うべき什物《じゅうもつ》には、すべて金額が記されていることから、藩から支給され

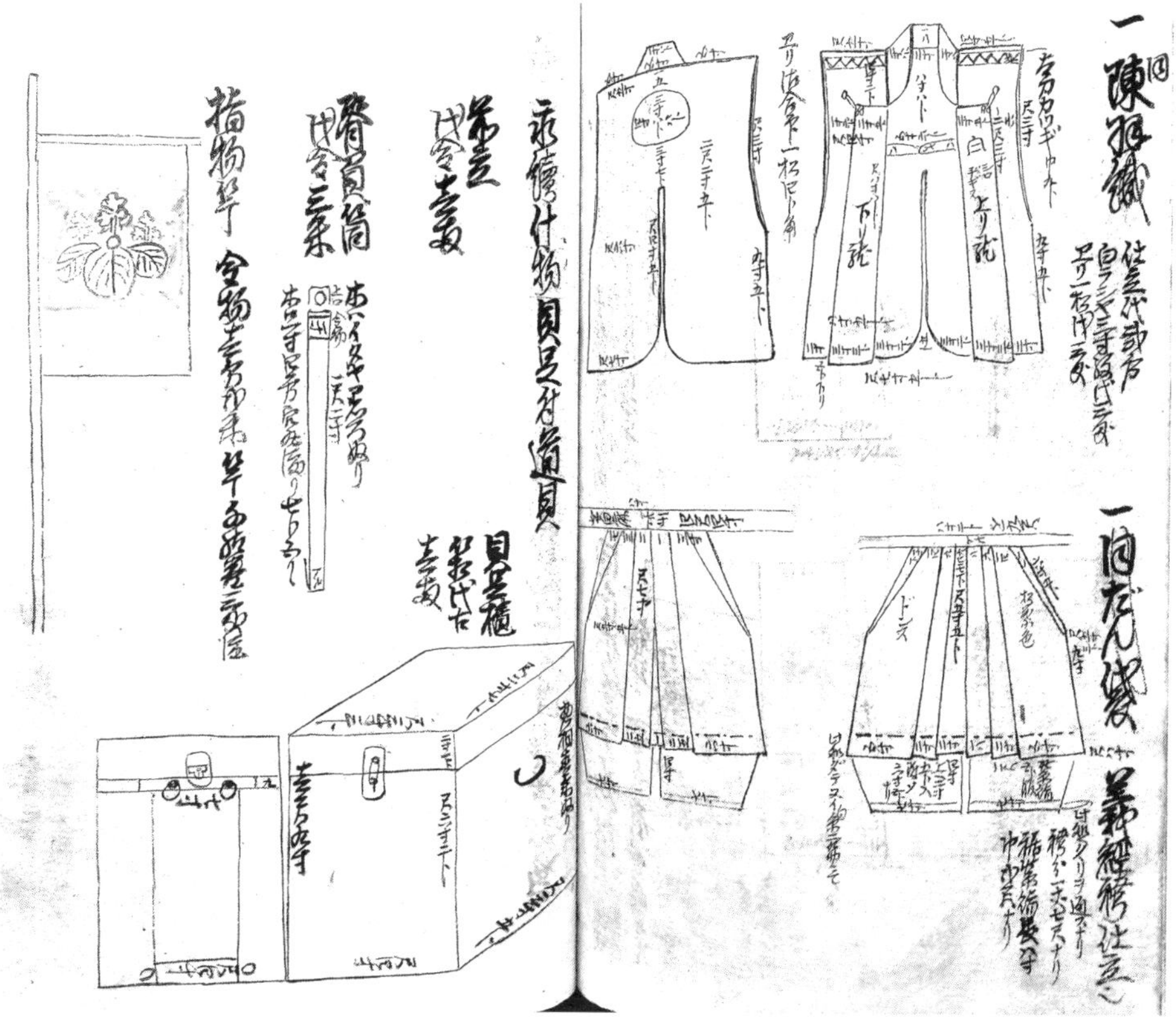

図2-1 陣羽織や合戦時の道具の図〈2〉

すべてに、寸法が書き込まれている。陣羽織の図中には、「白ラシャ」、「だてぬい」、「太刀かつぎ」、「エリ御合印一松四分角」、などが読み取れる。下のだん袋の図中には、「だてぬい」、「義経袴仕立」、「ドンス」などとある。指物竿には、真田家の旗印「六文銭」ではなく、小林家の家紋「五三の桐」が描かれている。

るわけでなく、各自で準備するもののようだ。あるいは、支給物は粗末であるため、富裕な足軽は満足できるものを自前で用意していたとも考えられる。指物竿には小林家の「五三の桐」の紋が描かれており、真田家の「六文銭」でないことも、それを推定させる。兜の前面を飾る鍬形の前立《まえたて》の画は描かれていないが、そもそも、足軽が前立で飾った兜を被って合戦に加わることなどない。下着の図もある（図2−2）。健治の体格を見積もることもできそうだ。

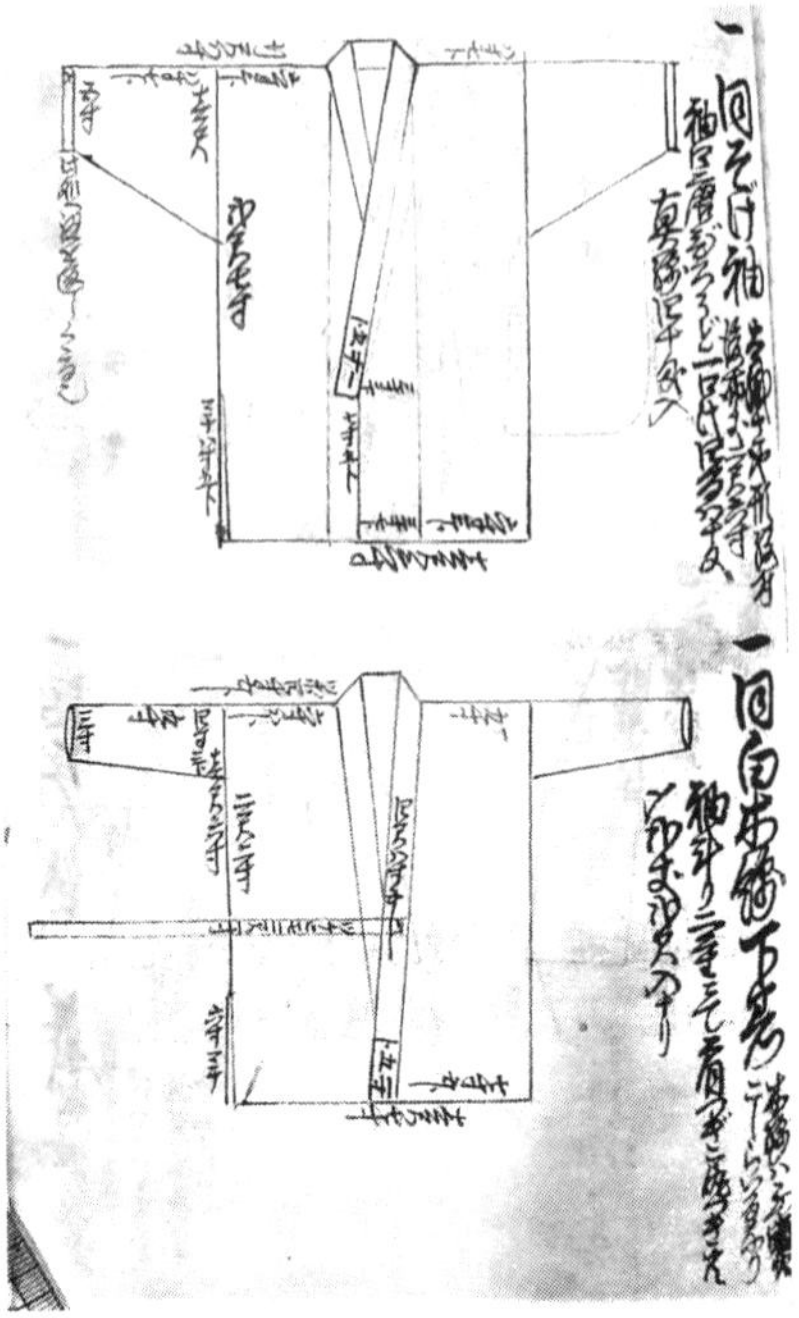

図2-2 下着などの寸法〈2〉

「そげ袖」（おそらく「削ぎそで」の意）、「袖口びろうど」、「真綿四十匁入」、「白木綿下着」、「ツボ四寸五分」、「行尺八寸」、「袖計二重にて肩つぎ尻つきとも〆て二丈二尺入りなり」などと、読み取れる。

第三章　村役人として

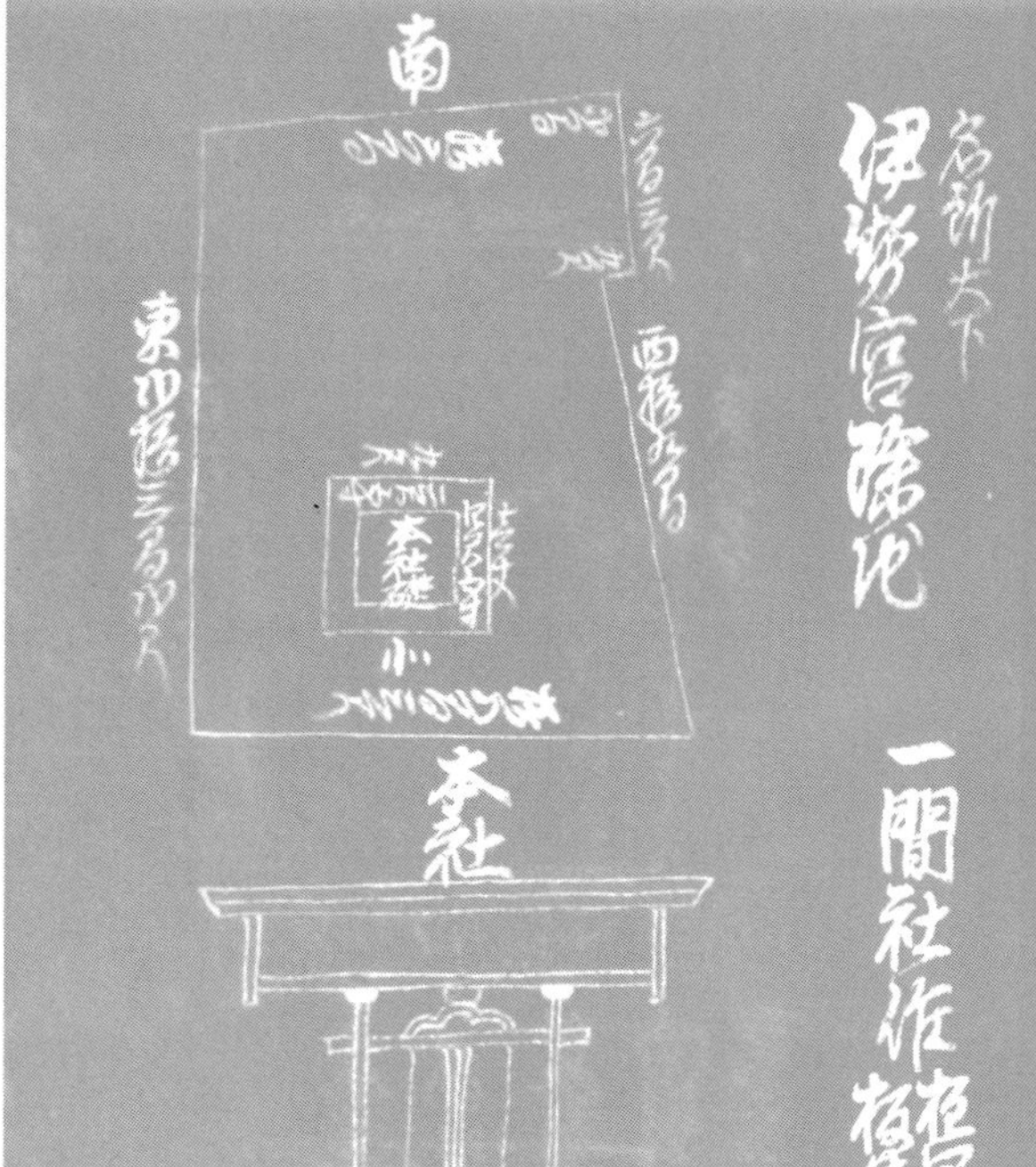

一　名主請書

広田村では名主など村方三役人、すなわち名主、組頭、長百姓を入札《いれふだ》、すなわち選挙で選んでいた。[49] 組頭は名主の補佐役である。長百姓は、百姓の代表として名主と組頭の不正を監視するのが本来の役目であったが、実際は次席補佐役くらいの役といってよい。村は藩の支配のもとに機能した行政単位であり、その長が名主であるから、最終的には名主は藩主により任命された。

村役人に立候補できるのは判頭あるいは頭判と呼ばれる一定以上の本田所有者（本百姓）に限られていた。しかし、文化・文政の頃になると、分家相続（下判）や遠方からの編入家（帳下）などが耕地を持つようになり、中には一定基準の耕地を持ち判頭になる資格を得て、村役人の入札の候補になりたいという者も出てきた。彼らが代官所に越訴《おっそ》した一件がある。[27][49] 隣村の竹花庄左衛門が扱人《あつかいにん》として仲裁に入り、内済（和解）により決着した。下判の者も判頭に昇格することが出来たのである。

小林家親族の多くが広田村の名主を勤めてきた。名主であった時期と名主の名前を**表3―1**に示した。[49] 健治が名主であった時期は弘化五年（嘉永元年）のみである。健治自身は「弘化五申年より、嘉永二酉、同三戌、同六丑まで四ケ年、名主役勤る」と記しているが、〈4〉広田村の記録では、[49]嘉永二（1849）、三、四、六、七年は、健治の嫡男・忠太が名主となっている。弘化二年以降、何度か名主を勤めている亀助は従弟にあたる。広田村における小林家は、健治を家長とする〝名主家〟というべき存在であったと考えれば、親族の誰が名主であっても良かったのだろう。

健治が実際に名主を勤めた弘化五年（1848：二月に嘉永と改元）は、善光寺地震の翌年である。大災害に見舞われた後の名主は、指導力とともに村人に対し公平で親身になって世話ができる資質が特に

表3-1 建治と親族による名主の時期[49]

天明	二年	1782	忠八
寛政	十年	1798	佐文治
	十一年	1799	
弘化	二年	1845	亀助
	五年	1848	健治
嘉永	二年	1849	忠太
			亀助
	三年	1850	忠太
	四年	1851	
			亀助
	六年	1853	忠太
	七年	1854	
万延	元年	1860	亀助
文久	三年	1863	
慶應	四年	1868	久助

亀助は、別家した健治の叔父・民作の嫡男
忠太は、健治の嫡男で第五代小林家当主
久助は健治の役代（第4章3節）
なお、明治以降、第六代・寛之進は村長に相当する戸長を、第七代・高太郎は村長を勤めている。

求められる。その上で、財力が加わらないと勤まらなかったと思われる。これらは平時の名主にも必要なことだが、健治には指導力、人情、財力のすべてが備わっていたのであろう。

弘化五年、四十五歳で健治が名主を勤めたときの「名主御請書」という文書が残されているが〈29〉、三役人の名前などは具体的に書かれておらず、〃誰〃と表記されている。これは村の役元に受け継がれた「名主御請書」の雛形であることがわかる。名主、組頭、長百姓の三役人に加えて、頭立、小前惣代、惣百姓などの連名で、代官所へ提出したのである。村請制のもとで、村のほぼ全員が納得の上で名主を担いだことになる。

「名主御請書」では、新しい名主もしっかりした信頼できる人物であること、名主役の引継ぎが支障なく行われたことを報告し、名主の仕事・役目を遵守することを誓っている。すなわち、賄賂（〃音物《いんもつ》〃）や使い込み（〃引負《ひきおい》〃）などがないように、また、藩から村に対して出された課役の額や分量が記載された文書（〃配布《はいふ》〃）の通り実行すること、そして一年毎（〃年切り〃）に年貢の上納をおこなうことなどである。役人が現地に出向いた際のもてなしは質素にすべきと言う条項まである。実際には、後で見る通り、検見（第5章2節）や見分（第8章2節）での饗応は決して質素とは言えないレベルである。

名主に手当は出たのであろうか。健治が生まれる以前の「寛政九年巳之四月　御小役品々請取本帳広田村役元」という綴りに、次のような記述がある。

小役金目安

一　金三両二分　名主給　高十石二三匁六分二厘

〝小役金〟とは、村の運営費のような資金で、村人から集められた。〝村入用〟と呼ばれるものと同じである。名主費用もこの小役金から支給されたが、藩からも支給された可能性がある。たとえば、「東福寺村嘉永四年　五両二分　内三両三分藩より下付　残り分村割り」という例がある。[50]

二　お触れの伝達

名主の仕事は、山﨑善弘『村役人のお仕事』に様々な事例が書かれていて参考になる。[18] それらは当然のことながら、小林家にも当てはまる。ここでは、ごく大略でまとめて、①年貢の徴収・上納、②藩からの御触れの伝達、③村人の掌握、としておこう。①は第5章にまわし、この章では②と③について述べることにする。

藩主は名主を介して村を支配する。藩からの通達、いわゆる種々のお触れは、名主を窓口として村人に伝えられた。お触れの内容で多いのは、村人の生活態度に関するものである。年貢を滞りなく上納させるため、農業に精を出すよう、また、村の秩序が保たれるよう、日常の生活に規律を求めたのである。

生活の基本は『六諭衍義《りくゆえんぎ》』にあった。忠太が書き留めてまとめた『従往古 役元古書類送帳之内写留』の目録の一番初めに『六諭衍義』が載っている〈29〉。ただし、「御上様より下され候板本につき、写さず」と書かれていて、この本文は書き留められていない。

『六諭衍義』とは、「孝順父母、尊敬長上、和睦郷里、教訓子孫、各安生理、毋作非為」の六つの教えからなる修身の教本である。中国の明の時代に朱元璋により書かれたものを原典として、江戸時代に日本に伝えられた。幕府は民衆の道徳規範として採り入れ、室鳩巣に解説書『六諭衍義大意』を書かせて広めたのである。寺子屋での手習い本としても使用されたという。

板本は版木に字を彫って、それを刷り写した本である。『六諭衍義大意』は寺子屋でも教本として使われたくらいだから、板本は広く流布していたはずであるが、「御上様より下され候」板本から直接伝えられた教えには恭順すべきと、書き写すのが憚られたのであろうか。板本の現物はみつかっていない。

『六諭衍義』の教えは、次の「御条目」という文書の中にも現れる、〈29〉——というより、まさに『六諭衍義』の六ケ条の訓諭そのもの（和訳）である。

条々

一　父母にハ孝行を尽すへし

一　年上の人目上の人をハ尊ミうやまふへし

一　村里とハ和しきむつましくすへし

一　子孫をハおしい道ひくへし

一　銘々家業に精出すへし

一　悪事を致す事なかれ

右六ツの沙としに背くものハ、其次第により而咎申付へきなり

申三月

右、春夏秋冬又ハ鎮守祭の朝なと、年中四五度ツツ村中末々子供其外までも漏らさぬよう読み聞かせるへく候

年に四、五度は子供から老人まで漏れなく読み聞かせよという。

お触れは村役人を介して書面のかたちで降りてくるが、それを読み聞かせることにより村人の末端まで伝わった。村役人は互いに順守を誓い合うとともに、藩にたいしても触れの内容を承諾・順守する確約をし、お触れへの返書として「御請連印帳」や「請書」などを差し出した。これらの文書には布告されたお触れの文書も再録され、書き込まれるのが普通のようだ。

お触れは「お触書」として掲示されることもあった。お触れを掲示する場所が高札場である。高札場は小林家の前にあったという。

高札場に設置されたと思われる小屋の見取り図が書き留められていた（図3-1）[32]。片流れの屋根で、一方の開口部が２ｍ余りの高さであれば、掲示用に建てられたとしか考えられない。

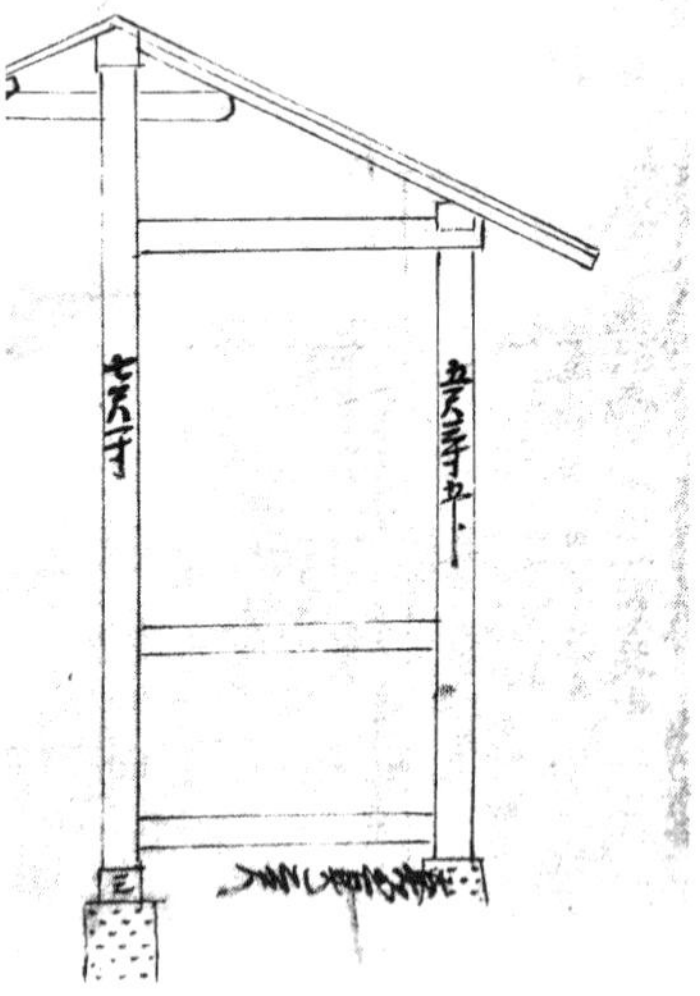

図3-1 高札場の掲示用小屋

「連印帳」の例を「村方倹約取極」で見てみよう。天保十二年、天保十三年，および弘化二年に「村方倹約取極」が書かれているが[27]、天保十二年（１８４１）のものを次に示す。表紙には「天保十二年 村

方倹約取極覚帳　丑九月　広田村　二番組頭　健治」と書かれている。

村方倹約取り決め覚え帳

一　村人どうし互いに仲良くし、家業に励み、年貢上納を滞りなく済ませること
一　婚礼の際の衣服は木綿に限り、絹織りはいっさい用いないこと
料理は、あり合わせの品で済ませること
一　鼈甲《べっこう》の櫛、笄《こうがい》、簪《かんざし》などは身に付けないこと　銀の簪も用いないこと
一　先祖の法事や葬儀の節は、ごく近親者のみで集まり、一汁一菜で軽く取扱うこと
近隣の者どうしの茶講《ちゃこう》は控えること
一　疱瘡の見舞は軽く、快気祝も軽くすること
一　正月の年賀は門前ですませること
一　どうしても振舞いをしなければならぬ場合、あり合わせの品で一汁一菜だけで済ませること
一　身分不相応の普請などはしないこと

衣服、食事、法事、婚礼、普請など生活の場での質素・倹約が具体的に指示され、村人同士で遵守

することを誓ったのである。衣類や女性の装飾品にも制限があり、近隣の者が集まって親睦を深める茶講《ちゃこう》も禁止されている。

この条文は、村方三役人（役元）から健治を含む十二人の組頭に下ろされて、まず組頭どうしで順守を誓い合い、さらに各組ごとに組頭から下ろされて、各組の構成員へ周知徹底されたのである。ここで言う組頭は、村方三役の組頭（第3章1節）ではなく、五人組の組頭のことである（第3章3節）。健治は、〝二番組〟の組頭で、その構成員の班長クラスの三人、森弥・嘉右衛門・民左衛門、に「右の通り写し取り、懈怠《けたい》なく（手抜かりなく）御守りなさるべく候」と書いて回覧し、最後の人は健治に戻すように指示している（図3−2）。班長クラスの三人からさらに末端に伝えられるのである。

健治が回覧した三人の名前の横に、縦線が引かれているのは、回覧の既読者がそれぞれ確認のチェックを入れた印であろう。ただし、これは実際に回覧された文書そのものではないので、最後の人（〝御留〟）から戻ってきた回覧をチェックまで漏らさず写し取って綴じ入れたことになる。

「連印帳」を見て最も印象的な点は、当時の百姓は読み書きには不自由しなかったということである。一定の役を持つ百姓なら、書くこともかなり達者でなければ務まらない。大部分の百姓が、高札場のお触れも読むことができたはずだ。当時の識字率についてはいろいろ言われているが、確実な統計データがあるわけではないので断定はできない――地域や階層によっても異なるだろう。ただ、幕末維新

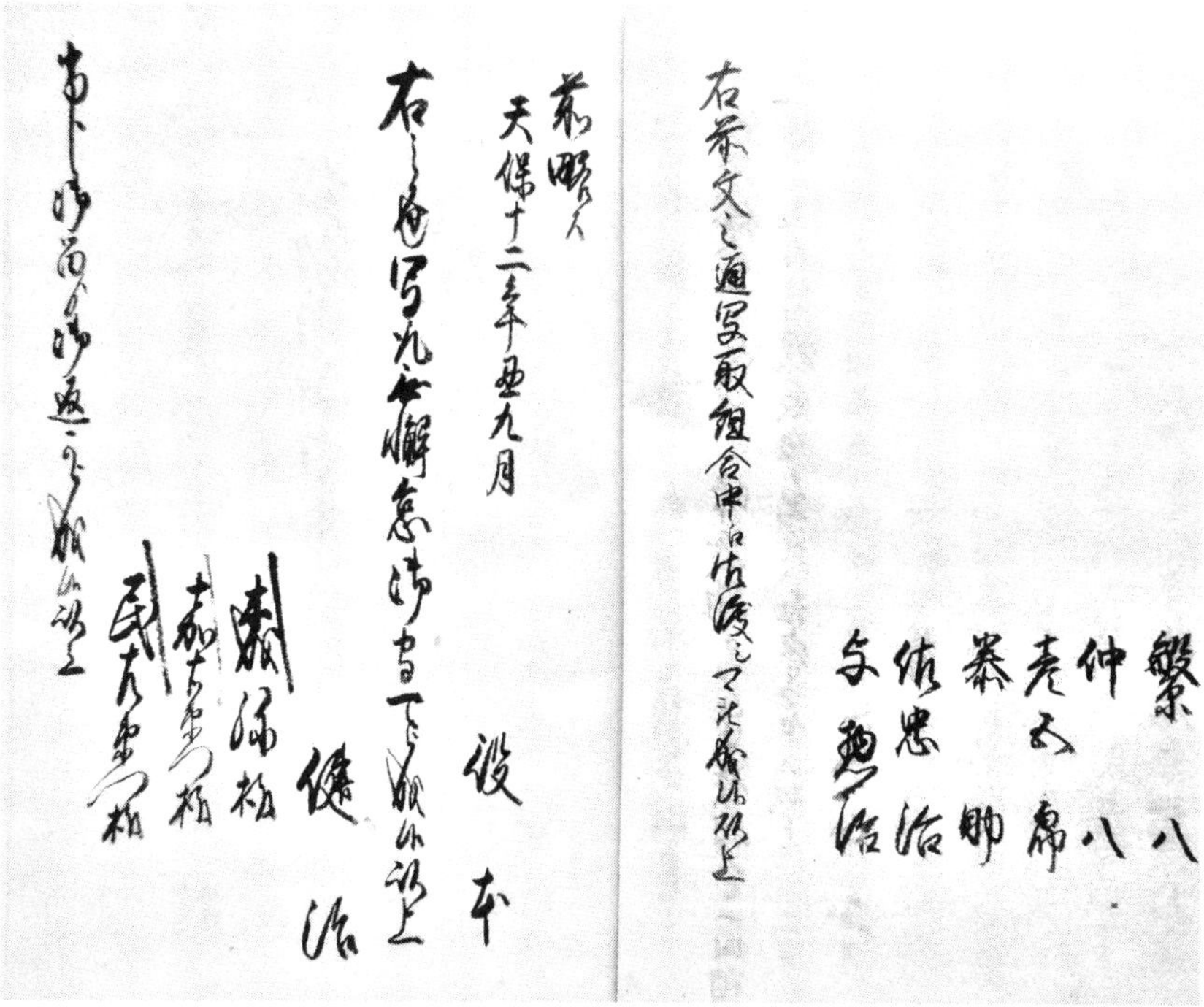

図3-2 天保十二年の「村方倹約取極覚帳　丑九月　　広田村二番組頭　健治」の最終ページ

期に来日した外国人が日本人の識字率と就学率に驚いたというから、当時の識字率はおおむね高かったと見てよいのだろう。書き手によってもずいぶん違いがある崩し字の識字というわけだから、現在の我々からみても難しい。たしかに驚くべきことである。

三　宗門人別と五人組人別

村の住民基本台帳ともいえるのが「宗門人別帳」と「五人組人別帳」である。これをつくる仕事、すなわち宗門人別改めも名主の重要な仕事の一つであった。全国どこでも村々を単位に毎年つくられており、小林家にも広田村の宗門人別改の記録が幾つも残っている。

そのうち最も古い宝暦九年（１７５９）の「切支丹宗門御改帳　卯八月」には、小林家についてこう書かれている。

昌龍寺　六十八 治左衛門　三十三子 長左衛門　二十八子 忠八　五ツ孫 初右衛門

小林宗家の治左衛門が登場するとは、かなり古い記録である。宗家は長左衛門が継ぎ、二男・忠八が別家して小林家の初代となった流れと矛盾しない。孫の初右衛門は後の二代・佐文治である。

佐文治の事歴として次のような記録がある。〈4〉

文政八酉年二月、宗門人別改め、川南通り仰せつけられ、三月十日出立、四月五日帰る。

文政八年（1825）、佐文治は他村の宗門人別改めの調査のために一ケ月近くも家を離れていたのだ。「仰せつけられ」とあるから、この仕事のために特に藩から任命され、他村へ出張して仕事をしたのだろう。特別の人別改めであったのだろうか。本来は、各村々の村役人の仕事であるはずだ。

この文政八年の調査結果を記した綴りが残されていた。

川南通とは具体的にどの村が含まれるのか、これで知ることができる。全部で四十四ケ村を調査していて、それらの結果が四冊に整理され、一つの綴りに纏められている。

・更級郡桑原村、志川村、上山田村など九ケ村

・更級郡力石村、上五明村、上平村など七ケ村、および埴科郡鼠宿村、新地村、内川村など六ケ村

・さらに埴科郡の矢代村、生萱村、
本城村など七ケ村

・清野村、西条村、牧内村、加賀井村
など十五ケ村

現在の千曲市、坂城町から、上田市に接する地域まで広い範囲の村々が含まれている。

　各村について、前年からの出入りが記録されている。たとえば、上山田村では、病死、引っ越し、欠落《かけおち》などで合計二十九人が除帳となり、誕生や転入などで五十四人が帳載となっている。欠落とは、失踪して行方不明となったことを意味し、二十九人のうち四人が欠落による除帳である。

　この調査は佐文治が一人で行ったとは

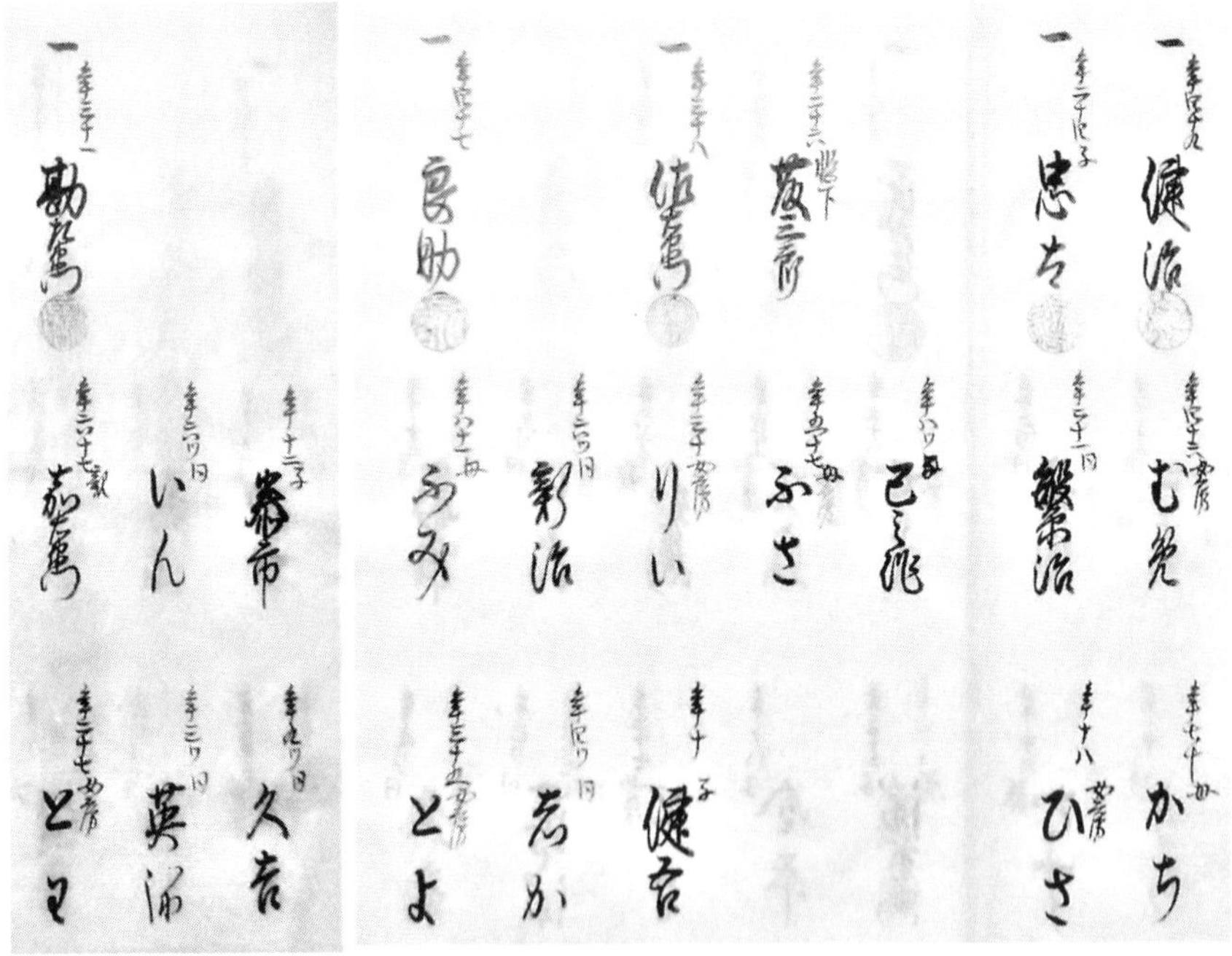

思えない。この年、佐文治は七十三歳という高齢である。四十四ケ村を二十五日間で廻わり終えることが出来るだろうか。

嘉永六年（1853）二月の「人別五人組帳」も人別を記した基本台帳と言うことができる。「更級郡広田村」の例を見てみよう。

図3-3 嘉永六年の「人別五人組帳」より

小林健治家を含む五人組。薄くて見にくいが、健治、忠太、佐右衛門、良助、勘左衛門、民左衛門には印判が押されている。

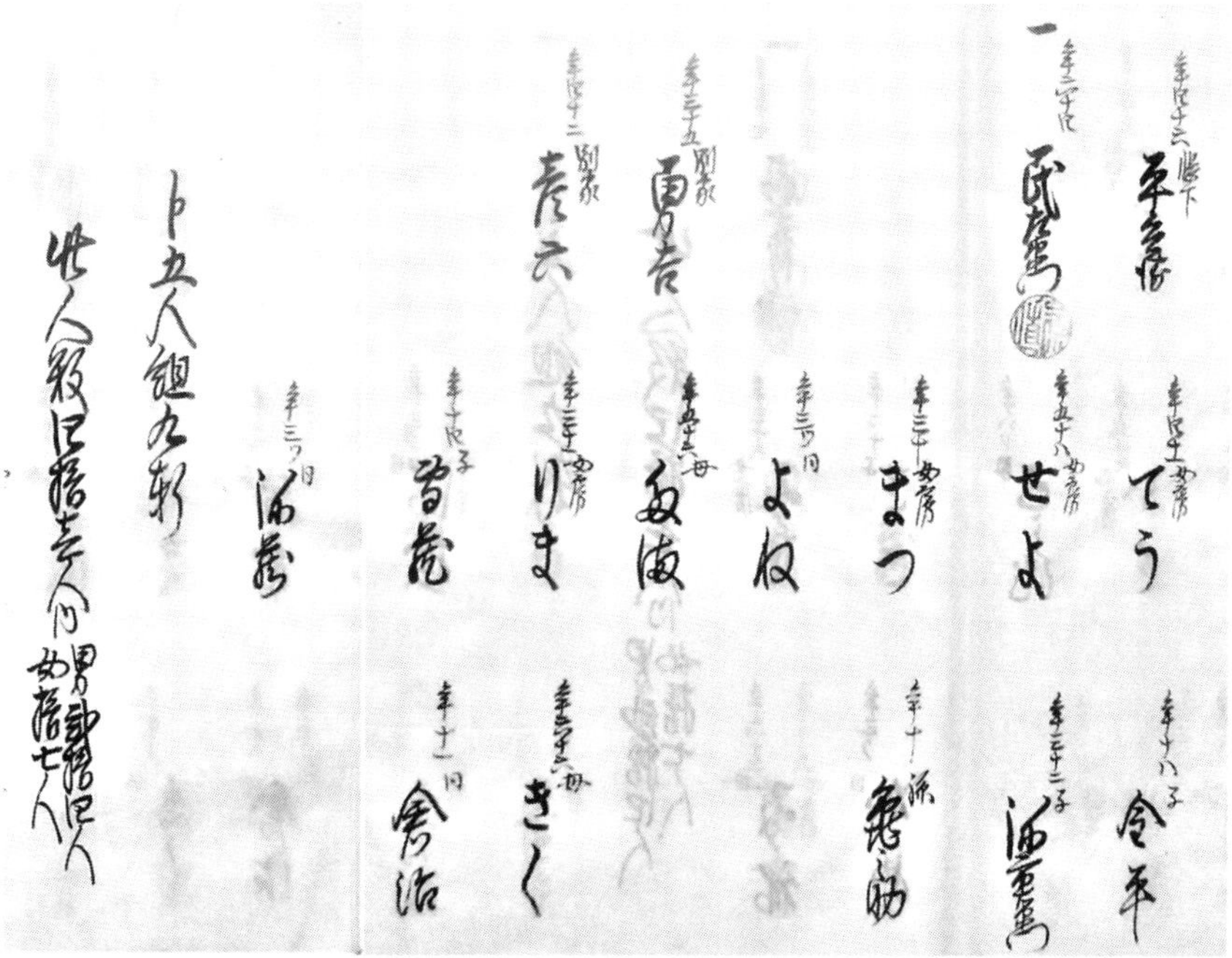

五人組ごとに構成員が列挙されているが、必ずしも五軒からなるわけではなく、五軒〜十軒で構成されている。

図3―3に、小林健治家を含む五人組の部分を取り出して示した。合計人数は四十一人（男二十四人、女十七人）。健治、忠太、佐右衛門、良助、勘左衛門、民左衛門、その他、健治の帳下・藤三郎、勘左衛門帳下・平兵衛、民左衛門の別家・勇吉と彦六などがいる。合計で九軒とあるが、帳下も一軒と数えれば十軒になるはずだ。健治、忠太、佐右衛門、良助、勘左衛門、民左衛門には印判が押されている。すなわち、判頭ということになる。

先の天保十二年「村方倹約取極覚帳」（**図3―2**）に登場する民左衛門、嘉右衛門の名前も確認できる。ただし、嘉永六年には嘉右衛門は隠居したらしく、勘左衛門が判頭になっている。また、健治が家督相続した時に記した「五人組人別帳」の天保三年（1832）当時とあまり変わっていないことがわかる。（第1章3節）。

広田村の五人組を列記した最後に「弐人　尼」とある。十王堂とよばれる粗末な庵で、二人の尼女が質素な求道生活を営んでいた。十王堂は第1章3節の「御年貢半知越石名寄人別帳」にも記載されている。村人の寄合などでも使われていた。

四　村送り など

広田村から他の村への移動、すなわち〝村送り〟には、戸籍移動証書に相当する文書が必要である。これを相手方の村と取り交わすのである。

出て行く村の名主からは「村送一札之事」により、「本人は信頼できる人物ですので村送り手続きをとらせてください。当村の人別帳から除き、そちらの村の人別帳に載せるようお願いします」と申し出をして、受け入れ側の名主からは「請取一札之事」が返書として差し出される。人別改帳への除帳と帳載のセットで村送りが成立したことになる。

村と村との間での遣り取りの前に、先ずは村の住人として名主に届ける必要がある。この「御除き御願い」を出すのは、主に他村へ嫁ぐ女性、あるいは養子となって家を離れる男性である。嘉永元年（1848）、他村に嫁いで広田村を出る女性、養子で広田村を出る男性、合わせて六名がいた。

名主は村送りのほかにも村の人別を把握しておかねばならない。まず死亡届。

死失御除き御願い
当村禅宗昌龍寺旦那
佐吉祖母　すき

以下　同様の書式で、合計十六名が病死で除籍になっている。

死亡届があれば、当然、出生届も存在する。

「去未十月中出生仕り候　当村禅宗昌龍寺旦那　清蔵　子」

こんな書式で十名ほどの出生がある。いずれも弘化五年（嘉永元年）の記録である。

広田村の職人のリストもある。彼らは松代・中町の井筒屋を定宿として近隣の村をまわって仕事を引受けながら生活していたのだろう。井筒屋は広田村が町宿として利用していた。

弘化五申年
職人御書上帳
二月　広田村
更級郡広田村御町宿井筒屋伊兵衛
刺物師　年三十九　清蔵

畳刺半役　年六十五　茂八
畳刺　年三十九　捨松
左官　年二十三　三蔵
左官見習　年十四　新作
仕事師　年二十三　源吾

右の通り、職人御書き上げ仕り候ところ、少しも相違御座無く候。以上

弘化五申年二月

広田村　名主　忠太　印
組頭　弥十郎　印
長百姓　藤作　印

弘化五年、忠太が名主のときの「牛馬御改御書上帳」という記録がある。〈31〉農作業や運搬に必要な牛馬の数まで調査の対象になっていたのだ。この年の広田村の牛馬と持ち主が次のように書かれている。

一　鹿毛男馬　二十四才　持主　長助
一　同毛男馬　十六才　同断　忠八

一　黒鹿毛男馬　　十一才　　同断　治助
一　黒毛男馬　　十一才　　同断　万之丞
一　黒毛男馬　　十三才　　同断　勘助

締めて男馬五匹ということになる。

馬を隠し持ったり、密売したりするのは御法度であったのだ。「御厩毛付書付」と題され、村の三役人から「御厩御役所」に宛てた文書も存在する。ただし、実際に差し出されたものではなく、雛形として村役人が書き留めたものである。

毎年、領内の〝当歳馬〟（数え年齢で一歳馬）の調査が行われていた。「御厩毛付書付」は、「郷中小村まで明細吟味仕り候えども、御毛付男馬当才、ならびに女馬、男牛女牛共、一匹も御座なく候」と報告する。

毛付けは、木曽で盛んに行われていた。良い馬を他所へ出さないように、毎年秋にその年に生まれた当歳馬を検査所に集めて、代官の役人が一頭一頭検査して、馬の戸籍・馬籍を作る。この検査を「毛付改め」という。松代藩でも同様の毛付改めがあったことが判る。

年季奉公の人物を把握しておくのも名主の仕事であった。奉公人の出入りは藩に届ける（あるいは、許可を受ける）必要があった。奉公人は、広田村の宗門人別や五人組人別には載っていない。別に「嘉永五年　奉公人御書上帳」という帳簿があり、ここに「健治方に一季奉公仕り候、四屋村中島組・武右衛門子・佐市」と記されている。

年季奉公に限らず、村を出て働く場合、個々に藩に届けて許可を受ける必要があった。天保十四年（１８４３）、届の書式を藩が決めたので、それに従うようにとの達しが村役人宛に出されている。どうやら天保十四年以前から度々出されていた「他所出人別取締方の義」は守られてこなかったようだ。

「他所出奉公人下案」、「江戸出奉公稼願」、「職分為修行御府内江罷出度願」の案文が示されている。いずれも願い人本人とその家族、親類惣代、属する組合惣代、そして村役人などの連名で、郡奉行所宛に出される願書ということになる。

「他所出奉公」は近隣の村への出奉公であろう。「江戸出奉公」は、「…江戸へ出て、手寄《たより》奉公を仕りたく…」とあることから、奉公先が決まらないまま江戸へ出かけるようだ。江戸で武家の奉公人をしている先輩・知人を頼って奉公に出るのであろう。江戸では、人宿《ひとやど》と呼ばれる奉公人斡旋業も商売として成り立っていた。[26] 地元の信州にも、善光寺の門前町に抱元《かかえもと》と呼ばれる請負人が何人もいたという。[26] 諸大名から依頼を受けて北信地方の百姓を武家奉公人として江戸に送り込んだというから、江戸出奉公はかなり頻繁に行われていたと推測される。

「職分為修行御府内江罷出度願」の方は、江戸の確かな先で職の見習いに出る場合だろうか。

村人の子弟が商家へ奉公に出たり江戸で修業したりすることを藩が規制していたわけではないようだ。届さえ出していれば、そう難しいことではなかったのだろう。

五　村と村との取り決め

『従往古　役元古書類送帳之内写留』の中には、そのタイトルが示す通り広田村の村役人（役元）が関わった公文書の写しが含まれる〈29〉。佐文治、健治、忠太の三代にわたる御用留帳に相当するものである。そこには、村と村とが取り交わした文書も目に付く。

農業用水の確保は、どの村にとっても生業に関わる最重要課題であっただろうから、用水堰に関わる取り決めが多い。

嘉永四年（1851）、犀川からの取水口のうち下堰を利用する十七ケ村が取り決めた「議定書」がある。条目のうち、幾つかを拾って示すと、

一　御上様からの仰せつけには、十分心して勤めること

一　春を迎える頃、村々の名主一同が集まり、記録簿を準備すること

一　これに日々の普請、諸経費など、漏らさず記帳すること

一　大規模な堀浚の時は、村々から担当者（出役）を必ず出して、堰筋に渡って念入りに作業すること

一　藩の掛りへは、定例四度、報告・連絡・相談すること

一　樋の建て替えあるいは臨時の普請の場合は、そのつど、名主一同相談の上、取り計らうこと

一　諸経費の分担については、一年に二回、組合一同名主立ち合いのもとで決めること

一　日々の担当者には、一人につき百文を労賃として支払うこと

などがあり、最後に「右の趣、組合村方一同打ち寄り、熟談の上取りきめ候上は、往々《ゆくゆく》急度《きっと》相守り申すべく候」として十七ケ村と組合の名主が、嘉永四亥年二月十四日付で署名・捺印している。広田村は亀助が名主の時代である。かなり具体的なことが書かれており、用水管理に如何に神経を使ったが窺われる。

川ばかりでなく、山境の協定書もある。「入会山境立書面」という天保二年二月の文書には、「一同召し出され御吟味の上、今般、御検使様境筋絵図面御墨引きなし下し置かれ、銘々熟得つかまつり、御請連判差し上げ申し候」とある。二十一ケ村の境界が入り組んで紛糾していた山境について、郡奉行所が裁定を下したことに対して、村人が礼を言い、今後この境界を堅く守ると署名したのである。二十一ケ村を代表する三役人から御郡御奉行所に差し出されたこの文書のほかに、これとほぼ同じ内容の文書が個々の村役人からも差し出されたようだ。宛名は池田良右衛門様、片桐重之助様、清野新平様となっており、この三人が郡奉行の役人であったことがわかる〈29〉。

この入会山が何所にあるのかは書かれていない。広田村には山地がなかったから、入会山は村にとって貴重な財産であったはずだ。草や木葉を田畑に敷き込む刈敷は、人糞尿とともに大切な肥料であり、その供給源は山野に求められるからである。それにしても、二十一ケ村が入り組んでいる境界とは、どんなものか想像するのも難しい。

余聞の節　三

内山紙と山中紙

『従往古　役元古書類送帳之内写留』は、名主として村の公文書を書き留めて保管したもの、すなわち、御用留帳である。その中に綴じられた弘化五年（嘉永元年）の「当申人別御改ニ付諸御願」の綴りの表紙には、「本帳内山」と小さく書かれている（図3-4）。「本帳内山」と表紙に書かれた綴りは他にもある。

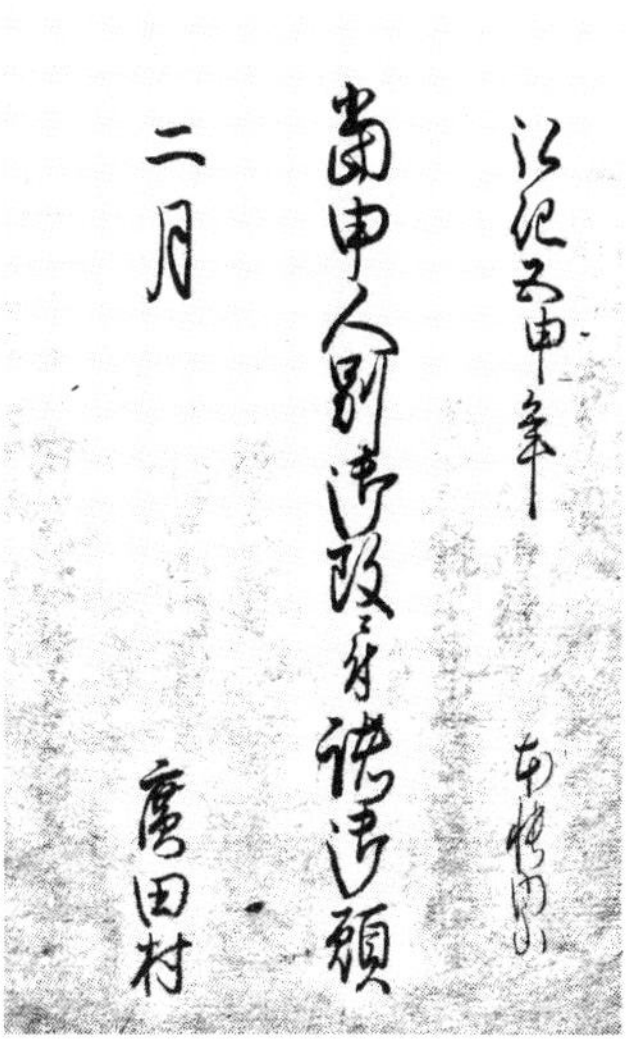

図3-4 人別改帳の控えの表紙〈31〉

右下に「本帳内山」と書かれている

いずれも、本帳（原典）は内山紙に書かれていたという意味であろう。

内山紙は、越後に近い下高井郡木島平や飯山で製造された良質の和紙である。和紙の原料となる楮《こうぞ》の木が豊富であるため、楮100％を原料とすることができたこと、また、製造過程で行われる「皮かき」や「雪晒し」

という作業が雪深いこの地方に適していたこと、障子紙としての需要が地元や隣接する越後で高まったことなどから、冬の間の農家の副業として内山紙の伝統が根付いたという。

内山紙協同組合のホームページによると、日焼けしにくく紙の白さが長持ちし、また、大凧合戦の凧に使われるほど強靭であるのが特徴という。

嘉永五年の「奉公人御書上帳」には「本帳御用紙」と書かれている。御用紙は、藩から独占的に用命をうけて製造された藩御用達高級和紙である。松代藩の御用紙は山中紙と呼ばれた。長野市西部の山間地、鬼無里村・栃原村・祖山村、善光寺の北西部に位置する富田村・入山村などで漉かれた和紙という。

山中紙は、主に善光寺門前町の町方に出荷され、取引には紙問屋が介在するという流通経路が出来上がっていった。これにより、藩御用達の和紙とはいえ、村方の百姓でも手に入れることが出来たのであろう。村の公式記録である御用留帳のための和紙が、藩から支給されるはずはない。名主は自腹で、あるいは小役金で御用紙を手に入れたはずである。

藩としても、膨大な量の文書のすべてに山中紙を用いたわけではなく、反古紙（裏面を再利用）や宿紙（一度書いた紙を漉き返して再生した紙）も多く使われていたという。藩の倹約政策を見て取ることが出来る。

第四章　村の人々

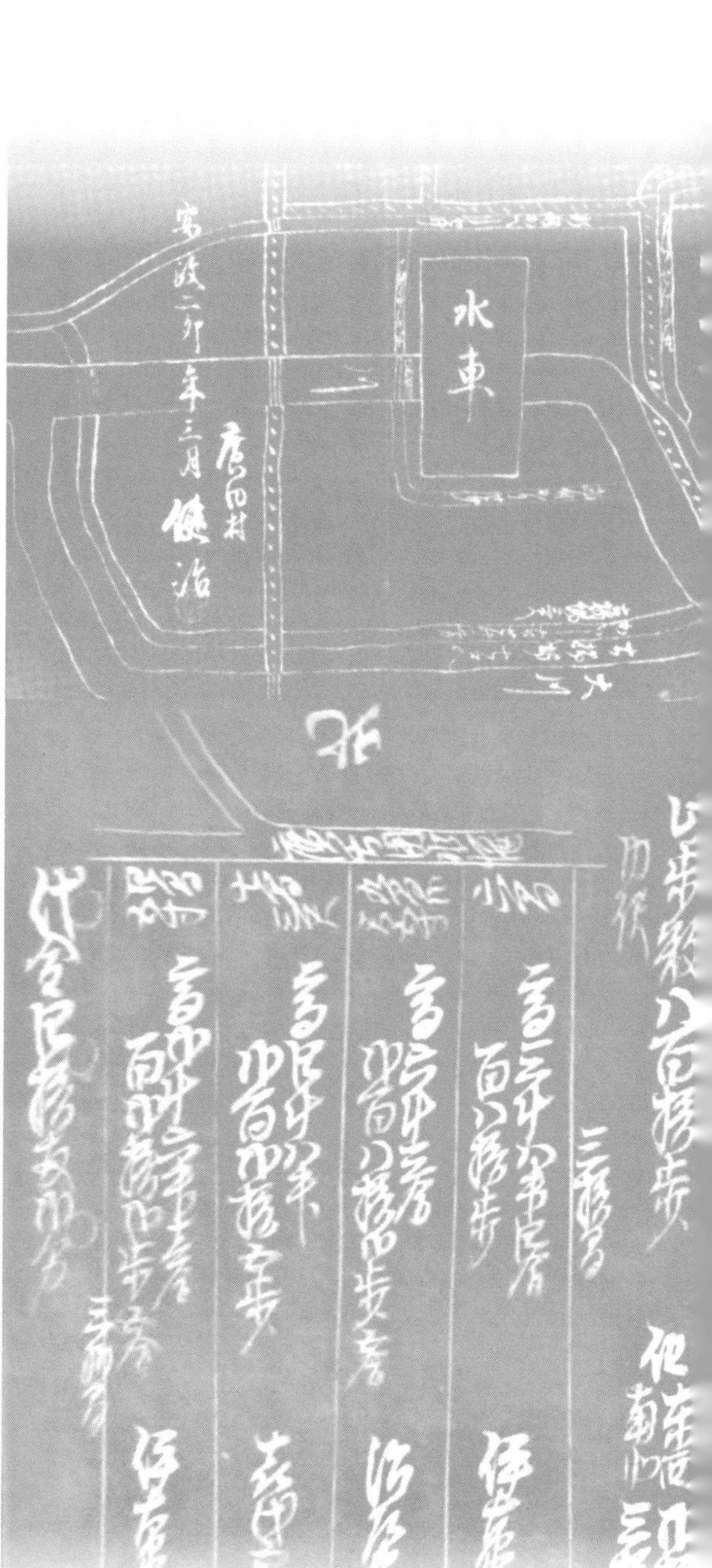

一　豊蔵と硝石

名主には村で起こったあらゆる事件から、事件とまでは言えない些細な出来事まですべて耳に入る。事によっては、藩に報告あるいは伺いを立てなければならないが、それではますます厄介なことになることもある。できる限り村の問題として片づけたいと思っていたに違いない。

この章では、村の出来事や村人の暮らしに関わる事跡の幾つかを「小林家文書」から拾って紹介しよう。

まずは、豊蔵と硝石製造のこと[27]。

黒色火薬の原料となる硝石（硝酸カリウム）は、硝煙あるいは塩硝ともよばれ、江戸時代、全国的に民間で製造されていた。医薬品としても利用されたので価値は高かったのであろう。田中村の豊蔵も硝石を商売にしていた一人である。硝石製造のため、家々の床下の土を買い取りたいと藩に願い出た。それを許可するお触れが出たのである。

田中村　豊蔵

右の者、硝石の製造を商売にしており、このたび村々の家の床下にある硝石を買い取り、焚製したいと願い出た。村のためにもなると思われるので、許可した。豊蔵から申し入れがあれば、個々に対応して宜しい。

山　源太夫

村々三役人

午十月、健治の名で「右の趣、御承知なさるべく候。以上　健治」と回覧に付されている。健治が四十三歳の弘化三年（1846）の午であろう。

〃山〃源太夫は松代藩士・〃山寺〃源太夫である。松代藩の上・中級藩士の名前が、姓の最初の漢字一つで書かれている例は他の文書でもよく見る。例えば、磯、竹、草は、それぞれ磯田、竹村、草間ということになる。こんなところにも、武士は百姓と差をつけて権威付けをしていたのだろう。

「床下にある硝石」とあるが、正確に言うと「硝石の原料となる床下の古い土」のことである。硝石の製造法で、全国的に広く行われていたのが「古土法」である。床下から、四十〜五十年ほど経った古い土を集めて水で煮出し、木灰とともに加熱、濃縮して硝石を析出させるのである。文書中にある〝焚製〟は、この加熱の操作を指していると思われる。

原料となる古土は〝鼠土〟と呼ばれ、見た眼で鑑定できたものらしい。嘗めて味う鑑定法もあったようだ。平野元亮『硝石製錬法』には、「初めに甘く米の甘さに同じ。のちに、しほ（塩）気を覚ゆ。舌にしみ透るように覚ゆるなり」と書かれている（図4－1）[9]。鼠土は、汲み取り便所から滲み出した人の糞尿（アンモニアなどの成分）に硝化バクテリアが作用して生成する。床下に住み着いた鼠も一役買ったであろう。人工的に手を加えることなく四、五十年経った土からでは効率は悪い。たいした量の硝石を得ることはできなかったと思われる。豊蔵の硝石渡世も、この方法であったようだ。

二　清左衛門の水車

糞尿は硝石の原料としてだけでなく、農作物の肥料としても貴重な資源であった。広田村では草肥の供給源となる山地は限られていたから、田畑の肥料は下肥（人糞尿）が主であったと考えられる。人糞尿は商品として売買されたというが、広田村でも同様だったのだろうか。

屋敷や土地のほかに、水車も重要な資産であることには気づきにくい。

水車は、高地の田へ揚水するためにも用いられるが、主として、精米や製粉の道具として用いられる。この場合、肝心な機能は小屋の中にある。水車はだれもが所有できる道具ではなく、個人が商売の道具として使う高価な家産だったのだ。

文政十一年（１８２８）、清左衛門は広田村の居帰沖に水車を設置した。「居帰《いかえり》」は、犀川の度々の氾濫により村が押し流され住民が離散していた地域で、後に再開発されて住民が戻ってきたため、この名で呼ばれるようになつた。

水車は農業用水路の水流にも影響するから、干ばつや増水の場合はもちろん、日常的にも村に迷惑をかけぬようにしなければならない。それを確約して、清左衛門および親類二名が、広田村三役人宛に差し出した念書がある。〈29〉

差出申一札之事

このたび、私、勝手をもって五里沢堰のうち広田村居帰沖に水車を設置して商売にしたく申し出たところ、村々でご相談され、ご理解のうえ承諾してくださり有難く存じます。しかる上は、今後、田の水に決してご迷惑をかけぬよう慎重に取り扱います。

「水車を相立て、渡世いたす」とあるので、水車を使って脱穀・製粉を請け負って稼ぎにしたのである。水車稼ぎと言われる商売である。水路が繋がっている隣の藤巻村に対しても、同様の念書が差し出されている。

嘉永四年(1851)になって、健治はこの水車を清左衛門の息子・団蔵から五十両で買い取る。〈3〉すでに、清左衛門の息子の代になっていたのだ。

団蔵が水車を手放した理由は、商売がうまく回らなかったことと、弘化四年(1847)の弘化大地震による地形や流路の変化で水車が役立たなくなったためである。

健治は五十両のほかに、団蔵が〝取続《とりつづき》〟できるよう、すなわち生計を維持できるよう、さらに余分に十両を払っている。

水車本体と水車小屋は一体化しており、小屋には石臼、杵などの道具類が付帯する。様々な部品とともに一括してすべてを譲り受けたことが、別の譲渡証文からわかる。〈3〉

団蔵が健治に譲った嘉永四年(実際に健治の所有となったのは嘉永五年)には、親の清左衛門が使い始めてから、すでに二十三年も経っている。その上、地震や大洪水でかなり傷みがひどく、健治は買い取ったものの大々的な修理を余儀なくされたようだ。次のように記録している。〈4〉

嘉永五子年正月　水車買入、代金六十両、大工八百七人、仕事師五百三十三人、やねや四十八人半、雇百三十七人、〆千五百三十七人、材木代三十二両　合九十六両余

〃〆〃の人数と〃合〃の金額の足し算がどちらも少しずれているが、誤差のうちとしよう。五十両の購入代金に加え、さらに十両の手当てを出して合計六十両で購入したうえ、三十両以上をかけて大補修をする必要があったのだ。

この水車は清左衛門→息子の団蔵→健治へと所有者が変わって使用されてきたが、そもそも清左衛門の手に渡る前は栄左衛門のものであった。栄左衛門がこの水車小屋を建てたのである（「広田区有文書」古93デ172：古17：文化七年「広田村栄左衛門　村三役人衆中宛　用水堰へ水車相立渡世一札」）。

水車は栄左衛門が文化七年（1810）に新調したものであれば、栄左衛門→清左衛門→息子の団蔵→健治と受け継がれ、健治が入手した時点で既に四十年も経ている。大改修工事というより、むしろ新調したという方が相応しいのかもしれない。「広田区有文書」にも、嘉永五年「水車譲り受け渡世一札」の文書が存在するが、健治が水車稼ぎをした形跡は見当たらない。

この水車はその後、二男・繁治が別家する際に繁治家に譲り渡された。繁治家は「精米所」を意味する「くるまや」という名で呼ばれるようになった。

持ち主を次々と変えながら長い歴史を見続けた水車ということになる。

三　在村武家と三輪家

三輪家は広田村に居住していた武士の家系である。すなわち在村武家あるいは在郷藩士ということになり、宗門改帳や五人組人別帳には載らない家柄である。この一族の三輪又左衛門は小笠原流折形の師匠をしており、健治の父・嘉忠治と、息子の忠太は又左衛門から折形を習っていた（第7章4節）。

この三輪家が松代へ引っ越しをするという。〈3〉以下の記録の閏九月からして、閏九月があった天保十四年（1843）のことと推定される。三輪又左衛門よりずっと後の時代である。

郷中隣家三輪正之助様、家内残らず松代へ引っ越し

今年の春、当広田村の新吉が善光寺権堂の女郎を二十両で買い、八月になって村へ連れてきた。農作業が疎かになり、村のためにも良いことはない。閏九月二十一日、藩の役人、御郡方と御手付の二人が村の役元へ来て新吉を呼びよせ、二十両の金をどう工面して女郎を身受けして囲うことができたか穿鑿《せんさく》したところ、三輪正之助様に頼まれたという。新吉の親類を呼びよせ、供述書と奥書をとり、御郡方へ差し出した。その後、下目付役も調査に訪れた。三輪家は、しばらくして松代へ引っ越された。この時、三輪様は、まだ広田村に田地二十五石余を所持されていた。

百姓の新吉に二十両の金が出せるはずがない。案の定、三輪正之助様に頼まれたという。おそらく、この一件により三輪家は村を離れ、松代に移ったのであろう。三輪家は武士であったから、元々は松代が本拠地のはずだ。

下って、五年後の弘化五年〈嘉永元〉に三輪家の土地の一部が健治に譲渡されている。[30]「今度広田村御高辻真田志摩殿御知行所のうち本田高三石、新田高九斗一升三合九勺、役代をもって、その村健治方へ譲り渡し」たという。

三輪忠左衛門の名代・三輪忠右衛門が〝役代〟として印を押している。武家ながら上級藩士・真田志

摩の知行地を所有していたということは（第5章1節）、在郷足軽と同様に、年貢の一部を負担する立場でもあったのだろう。ただし、地方の仕事は役代に任せきりだったはずだ。

広田村では三輪家、杵淵家、神林家が役代を置いていた。

杵渕家も由緒ある武家である。源平盛衰記に登場する富部三郎の弟分・杵渕小源太の末裔と言われている。[49]

神林家は広田村の漢方医として代々名が残る家系で格式が高かったのであろう。健治にとって、神林家は何かと気になる存在であったようだ。例えば、寺社への奉納金や藩への上納金などでは、しばしば神林家に言及した記述がみられる。

健治が中村久助を役代として藩に正式に届け、認められたのは安政五年に浪人を名乗ってからである（第10章2節）。役代を置くことができる格式へと身上がり願望が幾分か叶えられ、三輪家、杵淵家はともかく、神林家とある意味同格になったことに満足したに違いない。

四　藤三郎への説教

「五人組人別帳」のような帳面上で、小林家の一員のように位置付けられた人々がいた。「帳下」と呼ばれ、主に他村からの流入者などであった。名主クラスの上層の百姓が、彼らの身元引き請け人をしたと考えればよい。ただし、小林家に同居していたわけではなく、単に戸籍上の扱いであった。

嘉永六年（１８５３）二月の五人組の記録をみると（第３章３節、図３-３）、帳下として二十六歳の藤三郎と五十七歳の母・フサがいたことがわかる。

この藤三郎に関して、「帳下藤三郎二十日厄介す。ならびに、申し渡しの事」という記録がある。〈3〉この一件は天保十二年（１８４１）のことであるから、嘉永六年の年齢から見積もると、当時藤三郎は十四歳である。

内容は以下のようなことである。

藤三郎は新五郎とフサの子で、新五郎が亡くなってから、フサ一人の手で育てられていた。上布施村の弥右衛門のもとへ奉公に出していたが、田植えの時期になって揉めごとを起こして暇を出された。藤三郎が家に戻ると、フサが激しく叱ったため、雲隠れしてしまう。健治がフサに聴き取りしたところ、息子を咎めて勘当した体のことを言う。

藤三郎を見つけ出し、六月一日から二十日まで家に泊めてやり諭した。その後、氷鉋村の七右衛門方へ世話してやった。

二十三日には藤三郎と母・フサを呼び出し、次のように申し渡した。

「藤三郎を泊めて話を聞いたが、フサの叱りようは良くない。許しを請う分別もつかぬ藤三郎は反省するどころか、立ち直りの心が失せるだけである。情けをかけるという訳ではないが、母親が唯一頼りにされる存在なのだ。親が子の気持ちを理解してやらねば、ますます悪くなる一方である。」

情に厚く面倒見がよい健治の人となりがうかがわれる一件である。これも家長や帳頭という立場に対して家の内外から期待され要求される資質であろう。

五　又右衛門の家出

天保八年（１８３７）、小林家に磯五郎という帳下がいた。その婿養子の又右衛門が家族を連れて家出をした〈3〉。

小林家の帳下としては磯五郎、又右衛門夫婦と子供二人であるが、磯五郎家には親族のハツもいて、ハツだけは清蔵という判頭のもとで帳下になっていた。親の磯五郎ひとりだけ残し、ハツを含め家族五人がそろって家出したのである。

百姓の家出・出奔は〝欠落《かけおち》〟とよばれ、職場放棄の罪になる。もし、見つかれば引き戻され裁きを受ける。ひとり残された親の磯五郎がその親類とともに申し立てている以下の文書には健治も帳頭として署名している。

磯五郎の婿養子・又右衛門・同人女房ミヤ・子キク・同又治郎四人が村を出て行方知れずになりました。親類・組合が集まり、いろいろ心当たりの場所ならびに古山村の実父・惣右衛門宅などを探し回りましたが、行き先はわかりません。欠落したと思われます。磯五郎一家は常々家族の仲がよく、農業にも精を出していました。この件について、御上様へお届け下さるようお願いします。

天保八酉年四月　　広田村　　磯五郎

帳頭　健治

親類　和三郎

同断　助之丞

当村　御役人衆中

又右衛門は家出をしたものの、七月になって自ら居場所を明かしてきた。村役人から職奉行宛ての書付からは次のようなことがわかる。

又右衛門は水腫を伴う病を抱えていた。治癒を祈願するため別所観音に向かったが、宿賃もままならない。そこで、山田村与作宅に身を寄せて日雇いの稼ぎで過ごしていた。病身で家族四人を養う日雇仕事は大変なことだったろう。そんな中で、養父ひとりを残して家出したことを〝先非《せんぴ》〟、すなわち過去の過ちと後悔し、自ら居場所を上山田村・助之丞に知らせてきたのであった。助之丞は磯五郎の親類で、前記の口上書の差出人にも加わっている。

家出が四月十九日、連れ戻されたのが七月十八日、翌十九日には、さっそく白洲が行われている。この言葉からは評定所の白い石を敷き詰めた庭で取り調べを受けた様子がイメージされるが、実際は裁判を象徴する言葉なのであろう。結果は〝差免《さめん》〟、つまりお咎めなしとされたのである。又右衛門の難渋の暮らしを慮っての判決だろう。

奉行所と役所に対して、健治は御礼を差し出している。

御奉行所へ　御礼　百匹　三ツ井久右衛門　野本甚左衛門

御役所へ　同　百匹　藤作　宮入安兵衛

判決が出た後に帳頭として礼を尽くす行為だったと考えられる。健治は又右衛門を守ることができて安堵したことだろう。そんな気持ちの現れのような気もする。なお、〝匹〟は貨幣単位で、普通は〝疋〟と書かれる。江戸時代に流通した金、銀、銭《せん》の三貨のうち金貨と銭貨に〝疋〟が使われているが、ここでは金貨の〝疋〟であろう。

又右衛門が家出の理由を申し立てた書面が長野市公文書館に所蔵されている。（「帳下又右衛門并清蔵帳下はつ難渋之処江去年違作ニ付家出仕候処、被召出御吟味御座候書類之扣」複2―2187・007）。

私、九ケ年前、帳下・磯五郎の聟養子になりましが、生活は苦しく、子供二人が生まれてからは、家族五人で小作により暮らしを立てていました。

昨年は凶作に見舞われ、村の人々が助けてくれましたが、なんとも生活は成り立たなくなり、女房と相談して子供二人を連れて四月に家出をしたしだいです。その祭、養父には、食物として籾一俵ほどと大麦一俵ほど、その他大豆類なども少し手に入れて置いてまいりました。上郷辺へ向かい、日雇稼ぎでようやく四人生計を立てる始末でした。

十六日に親類・助之丞方に連絡したところ、召し出され、養父一人を家に残し置いて不沙汰の家出をしたとして、取り調べを受ける身となった次第です。

まことに申し訳なく、恐れ入るばかりです。どうぞ、こんな状況をお察し下さり、憐れみのご好意にすがりたく、お願い申し上げます。

天保八酉年七月二十五日

広田村　健治帳下

又右衛門

職御奉行所

最後に村役人が、又右衛門の申し立てを〝承届《うけとどけ》〟して、つまり、承認して奥印を押している。

前書の通り、当村健治帳下又右衛門申し上げ奉り候ところ承届、奥書印形仕り差し上げ奉り候。以上　　右村　三役人

生活苦の様子が具体的に述べられている。義父のために僅かな食料を残してきたとは、後ろ髪を引かれる思いであったろう。天保の飢饉による百姓たちの苦渋を示す一つの事例といえよう。

六　寺の住職

昌龍寺が小林家の菩提寺であることはすでに述べた。檀家総代のような立場で歴代住職とも関わってきたので、佐文治の時代から健治の時代の住職まで、すなわち九世・吟松から、乙玄、宗道を経て、十二世・巨関に至るまでの記録が残されている。

昌龍寺の全盛期をつくった吟松は、村民にも格別評判のよい住職であった。八世・玄鏡が早世した後、「後任の儀は長国寺末・藤牧村・東昌寺吟松和尚、村方師且相応に御座候ニ付、後任に仕りたく願い奉り候」という、村方三役から奉行所への願い出がある。

「村方師且相応に」の意味は解読できないが、請われて着任したことは間違いない。東昌寺は真田家の菩提寺・長国寺に連なる寺であり、そこの住職とあれば、広田村としては大歓迎ということだろう。この吟松和尚の十三回忌が天保十二年（１８４１）八月二十九日に行われ、「昌龍寺旦那村寄家数、締めて三十二軒の事」として記録されている〈3〉。

昌龍寺を旦那寺とする家数は三十二軒であるから（第1章3節）、すべての檀家が参加したことになる。

五ツ時から九ツ時まで、四時間にわたる大法要であった。吟松和尚が、いかに敬愛されていたかがわかる。

吟松の後の十世・乙玄和尚は吟松和尚とは逆で、村に多大な迷惑を掛けた俗人住職であった。身分不相応の馬喰に手をだしていたのである。〈2〉〈8〉

乙玄和尚の不埒を奉行所が聞き及ぶにいたって、役人が廻村の際に和尚は尋問をうけた。村の寺世話人一同も和尚に尋ねたところ、「村人からは、たびたび、内々心付け呉れ候えども相用いず故」馬喰を始めたという。それほど生活が苦しかったのだろうか。

和尚は健治を含む寺世話人一同宛てに、文書「一札の事」を差し出して反省する。そこで世話人一同で連印して「御縋書《おすがりしょ》」を書いて奉行所に差し出した。「御縋書」は、なにとぞ情けをかけてくださいと、許しを請う文書である。村人が和尚を助けた構図にみえる。ただ、和尚の不如意な暮らしに同情したというよりは、和尚の不在は村の暮らしにとって何かと不都合となるためではなかったろうか。乙玄和尚の借財は文政十一年（１８４０）、健治が供養料として十両を寄付して清算させている。

以上に見たように、寺の出来事までも小林家はすべて把握していた。菩提寺であれば、小林家との個別の繋がりで世話するのは当然と言えるが、村のリーダーという立場で昌龍寺と向きあう場面も多かったように見える。村人もまた住職の良しあしを評価していたことがわかる。

余聞の節　四

糞尿から硝石

明和〜嘉永に生きた平野元亮による『硝石製錬法』[9]（復刻版：江戸科学古典叢書12，恒和出版）という古書には、硝石製造の工程が図解で描かれていて興味深い。其一図を紹介しよう（図4―1）。鼠土は目視だけでなく、味で判定する方法もあったようだ。「土を嘗《な》めて多少を試す図」とある。「土をつまみ出し」てこの味見で合格と判定されると、「土をかきいだし」、「土を運送する」ことになる。

家の中では座繰作業をしながら傍らの赤ん坊をあやしている女性がいる。この図には「民のせきあい（惜愛）に、障りなきをよろこぶ図」と書かれている。床下に潜り込むだけなら、一声かけるだけで済む話であり、赤ん坊をあやす邪魔にならないのはありがたいということだろうか。

硝石の製法で、古土法よりも効率が良いのは、白川村と五箇村で行われていた培養法である。人尿、蚕糞、鶏糞、野草などを混ぜて土中に長期間埋めると、土中の硝化バクテリアの作用で窒素分が分解、酸化されて硝酸イオンに変化する。これを草木灰と反応させれば硝酸カリウムが生成する。雨水の当たらない床下が最適の場所であったが、ときどきは掘り返して空気と接触させる必要があったはずだ。

図4-1「土を嘗め多少を試す図」、「民のせきあいに、さわりなきをよろこぶ図」、「土をつまみ出したる図」、「土をかきい出したる図」などと書かれている。

『硝石製錬法』より〈9〉

第五章　年貢と上納金、無尽、寄進など

一　年貢関係の帳簿

本章では、名主の最も重要な仕事の一つ、「年貢の徴収・上納」について見ていこう。第3章2節で①と分類した仕事である。

小林家には、年貢関係の古記録・古文書が多数残されている。眼に入る限りで最も古いものが、宝永元年（1704）八月に作成された「御検地本田新田御用捨高名寄帳」である。表紙には、肝煎、組頭、長百姓の名前に並んで惣百姓とも記されている。

当時、松代藩では名主を肝煎《きもいり》と呼んでいた。信濃では藩により、肝煎、庄屋、名主などの呼称が混在していたが、松代藩領の多くの村では、宝暦十四年（1764）から名主と呼ぶようになったという。惣百姓は、年貢や夫役の義務を負う自立した本百姓（判頭）の全員をいう。

「名寄帳」は惣百姓について、個人毎の石高を本田石、御用捨石、新田石別に記している。「御用捨高」は年貢上納が免除される分である。最後に「右の通り、御検地本田・新田・御用捨高、郷中寄り合い吟味いたし、御帳面かくのごとく相決め申し候。後日のため、よって件のごとし」とある。村が連帯して年貢上納の義務を負う村請制において、名寄帳は村の惣百姓の承認を得たうえで村役人が管理する、納税の基本台帳ということになる。

基本台帳としてはもう一つ、「水帳」とよばれる徴税の基本台帳がある。「水帳」は検地帳ともよばれ、藩や幕府の管理下で実施される検地に基づいて村内の土地一筆ごとに石高が記録されている。これにより村ごとの年貢高が決められる。村請制のもとで、藩や幕府にとっての徴税の基本台帳ということができる。

『従往古役元古書類送帳之内写留』の内容目録に、「外箱入分」として「御水帳　元禄十六年十一月」と書かれている。[29]「写留」の添付品として水帳が存在したらしいが、現物は見つかっていない。

元禄十六年と宝永元年とは一年違いだから、宝永元年の「名寄帳」は、元禄水帳を基に作成されたものと考えられる。ただし、松代藩では寛文の時代以降、竿入れ総検地、すなわち、実際に現地で目盛り入りの竹竿を使って地積を測量する検地は実施されず、幕末まで散発的な地押し検地に留まっているので、[50]元禄の水帳も地押し検地に基づくのであろう。

地押しとは、所有地の修正分(有地改め)を申告して作成される水帳である。

宝永元年の「御検地本田新田御用捨高名寄帳」には広田村の村高が　本田高　五百八十石七斗八升九合五勺、新田御納所地　二百八石九升一合と記されている。後の天保三年や嘉永六年には新田高が五十五石ほど増えていることから、時代が進むとともに新田開発が進んでいたことがわかる。

「名寄帳」は惣百姓ごとに割り振られる年貢高を、「水帳」は村内の土地毎の石高を、それぞれ記載した基本台帳であるから、年貢上納・収納には、基本的にこの二つの台帳があれば済むと思ってしまうが、そう簡単ではない。現場では、これから触れるように、さらに様々な帳簿が記録されているのである。年貢関係の「…帳」や、その他の綴りの中には、「出張寄蔵元勘定帳」のように松代藩の藩士の名前が載っているものも目に付く（図5―1）。これは、小林家が蔵元という役を担っていたことによる。

松代藩の上級・中級藩士への俸給の仕組みは二つの形態があった。[50] 一つは、藩の直轄領、すなわち蔵入地からの年貢を藩庫に集め、この蔵米から知行高に応じて藩士へ支給する蔵米知行制度である。おもに、下級藩士にたいして行われ、彼らは蔵米取と呼ばれた。これに対し、上級藩士には土地と百姓を与え、そこから年貢を徴収させるという知行取の方法も採用されていた。藩士が与えられた知行地を地頭として支配する地方《じかた》知行制度と呼ばれる形態である。地頭は知行取として、小さいながらも自分の領地を持ち、領主のような立場で年貢を直接に百姓から受領していたのである。天保二年（1831）には、松代藩の家臣団、およそ千九百人の内、13％が知行取、87％が蔵前取であった。[50]

地行取り藩士は村内に分散して知行地をもち、それぞれ複数の農民を支配していた。したがって、持ち高は複数の農民からの合計として徴収されことになる。これは相給とよばれる。農民の側からすれば、複数の地頭に所属して、それぞれの地頭に対して定められた年貢米を納めるのである。

広田村は、複数の地頭に年貢を納める相給の知行地であった。「出張寄蔵元勘定帳」（図5―1）が書かれた時代、小林家の土地は、恩田、菅沼、原、真田、青木の少なくとも五人の松代藩士を地頭とする相給の知行地だったことがわかる。

地方知行制の下で百姓が収める年貢の収納事務を行っていたのが蔵元である。地頭と百姓の間を結ぶ役割といったところであろうか。蔵元は知行地所属の百姓の中から、地頭が選んで勤めさせた。地頭と百姓との対応は固定したものでなく、何年かで交代するのが普通だった。名主級の上層百姓が選ばれたようだ。

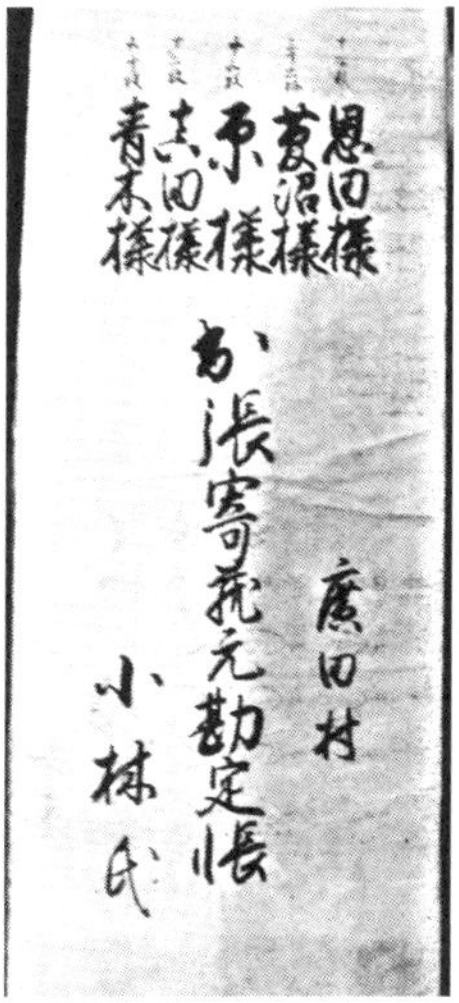

図5-1「出張寄蔵元勘定帳」の表紙

蔵元関係の綴りは他にも見つかる（図5—2）。表紙には、真田内蔵・玉川大武・恩田十郎兵衛・青木数馬・菅沼源之進・原平馬とある。地頭それぞれについて何冊かの帳簿があって、すべてを纏めると「〆八十五帳」となる。

名寄帳は年貢の村請制度を前提とした租税台帳であり、名主が管理すべき帳簿である。それに加えて、地方知行制のもとでは蔵元が管理する帳簿が存在することになる。

さらに多種多様な帳簿がある。「御飯米預金納割合人別覚帳」、「御年貢半知越石人別名寄帳」、「江戸

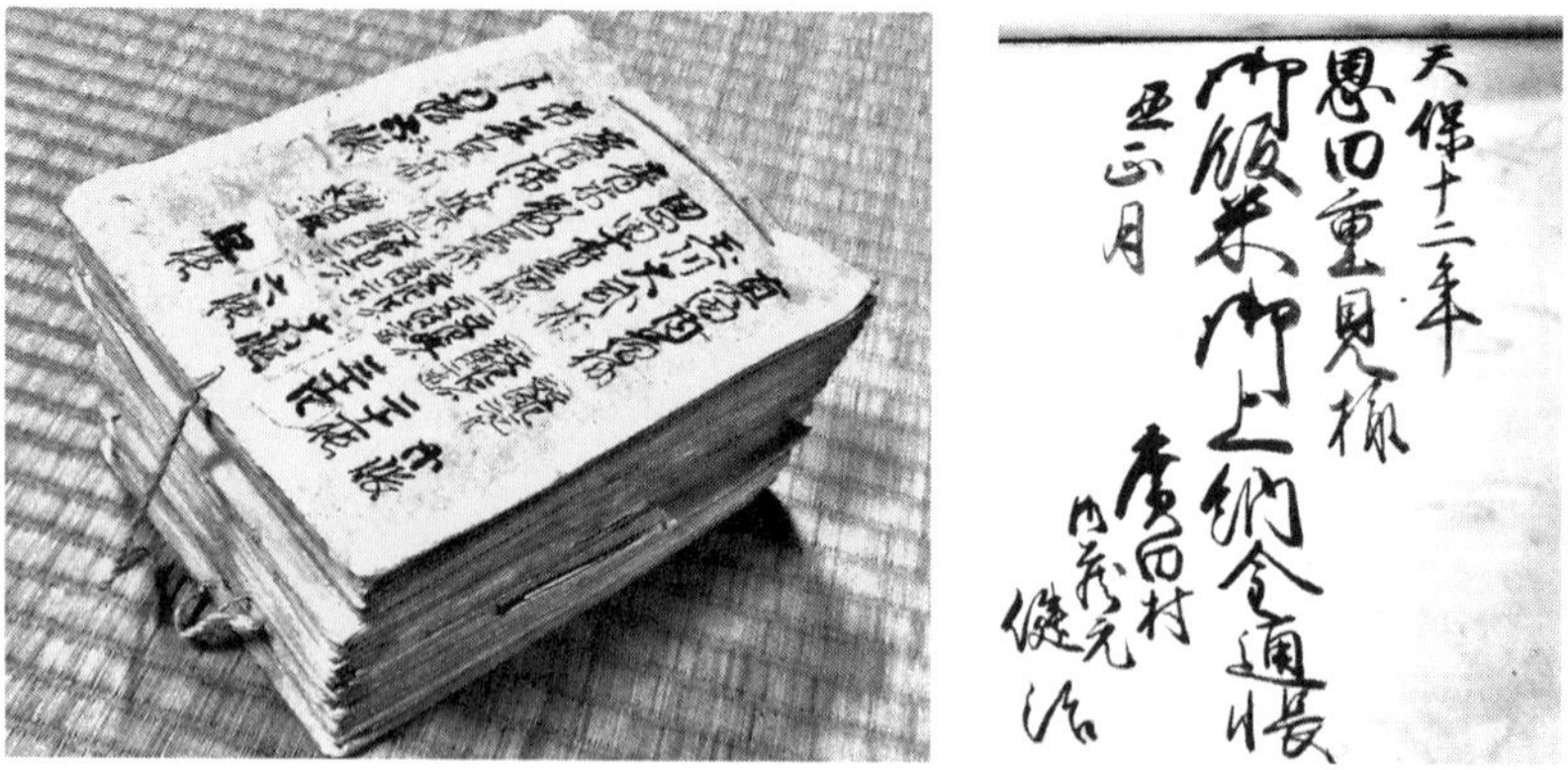

図5-2 蔵元として関わった帳簿

「〆八十五帳」とあり、厚さは広辞苑以上。右は、八十五帳の中の一冊の表紙。

御在所御飯米人別元帳」、「御小役品々上納割合人別元帳」、「租勘定帳」、「口合世話利慥出元勘定帳」などなど。これらは名主あるいは蔵元として記録に留めるべき帳簿であろうか、あるいは小林家自身の年貢上納あるいは小作人を管理するための私的な帳簿であろうか、いずれも表題を見ただけでは内容を想像できない。これだけあると、中身まで調べ上げるのは、残念ながら老人の道楽仕事では無理というものだ。

ただ言えることは、これほど多種多様な帳簿が存在したのであれば、年貢上納の仕組みは、非常に複雑であったということである。名主には非常に高い事務能力が求められたことが容易に想像できる。現場での実際の作業が思い遣られる。これ以上の深入りは避けておく。

二　検見

松代藩の年貢算定は定免法に依っていた。年毎の収穫高に応じて年貢高を決めるのではなく、十年ほどの収穫量の平均から算定した年貢量を固定しておく方式である。豊作か凶作かによらず一定の年貢が村に課せられることになる。

特に凶作や災害の年には特別に検見《けみ》（破免検見）を実施して対応していたというが、全体的な収穫状況を郡奉行が見て廻る大検見は毎年行われていたので、年毎に年貢量は改定されていたようだ。実質は検見法であったという方が良いのだろう。

「嘉永元年　御年貢越石籾名寄人別元帳　申十一月　役元」という綴りがある。これから、検見の実際の一端を知ることができる。嘉永元年は弘化大地震の翌年で、特別な年であったと思われれる。

先ず、「御検見　九月七日立　同二十三日御通行」と書かれている。続いて検見に訪れた藩の役人の名前が列挙されている。

郡御奉行　　　　竹村金吾様
御目付　　　　　岸太五之丞様
御勘定　清野　　春日儀左衛門様
同　　表柴町　　青柳丈左衛門様
同　　表町　　　宮本慎助様

その他、御徒士目付、御勘定御吟味、御元〆なども加わり、藩のかなり上級藩士の名前があがっている。宮本慎助は最上流の和算家として知られており、松代藩の勘定役を勤めている。経理に腕のある、つまり、筆算に強い藩士が同道したということになる。

これに続いて検見の結果が記されている。これには、

小幡蔵多様
一　高六十石　　　本口籾百十六表九升二合
青木五郎兵衛様
一　高十石　　　　本口籾十九表一斗八二合
菅沼源之進様

一　高四十石　　本口籾七十七表二斗二升八合

といった具合に、上級藩士の名とその石高が延々と書かれていて、目もくらむばかりである。この記録からは、検見の結果はまず知行取り藩士のその年の給禄に反映することがわかる。その給禄を支えるため村が負担する年貢の割当額が、「下げ札」と呼ばれる年貢割当状により村方へ通知されるのである。それから先は、名寄帳との関係や、蔵前取との関係、蔵元の仕事と名主の仕事との関係などが交錯して、ますます以て面倒な話になる。

嘉永からさかのぼるが、天保九年（1838）九月にも検見が行われている。この時は、検見に来た役人が小林家に宿泊した。「天保九戌年九月十三日　御検見様御泊り御本陣致す」という記録がある。〈4〉健治三十五歳の年。検見の実施状況がかなり具体的に記されている。〈8〉

検見は九月五日から十三日まで、幾つかの村々を回って行われた。日ごとに宿泊地は異なり、これを「中帰御泊」と言っているようだ。中帰御泊は九ツの村に渡り、それぞれの村名と本陣が記録されている。たとえば、

東川田村・甚五郎、沓野村・忠右衛門、湯田中村・山本与五右衛門、広田村・健治、中沢村・栄丈などである。

広田村には十三日にやって来た。検見の役人は三十八人で、幾つかのグループに分かれて主だった家に分宿する。本陣の健治家には御郡御奉行の一行六人が宿泊した。検見の責任者である郡奉行のほか、奉行に付き添う四人衆のうちの二人と御付人、御草履取、御槍持ちそれぞれ一人を加え合計六人である。その他に、御寄合人十三人とあるが、かれらは正式なメンバーにはカウントされていないようだ。手助けをする村人であろうか。大きな屋敷を持たなければ本陣は勤められなかっただろう。

別家の亀助宅にも、御勘定御吟味様の一行が宿泊、そのほか儀左衛門と佐金吾宅には、御勘定御元〆様や御徒目付様が宿泊している。

道具方というリストもある。これは、検見の一行が持ち込んだ道具・荷物であろう。おもな品目と個数をあげておく。行燈　十五帳、夜具　五ツ通、火鉢　四ツ、刀掛け上下にて　二通、槍懸け　一ツ、手洗い鉢　一ツ、菓子盆　二ツ、茶碗　十八ツ、膳　六膳、など。いやはや大変な移動である。もとより小林の屋敷は百姓家の造りであり、街道筋の本陣とは訳が違う。たまたま大検見の宿泊所として選ばれたに過ぎない。粗相のないよう相当に神経をつかったことだろう。

たとえば、宿泊日の賄料理のメニュー「九月十三日御献立覚え」が、あらかじめ名主・平蔵から御郡方御手付《てつき》あてに「差し上げ申す一札之事」として報告されている。手付は郡奉行所の事務担当・現場担当といった役で、前もって視察にも来ている。また、当日に備えて袴を貸与されている。

検見が毎年行われ、そのたびに饗応を強いられるのは、村役人にとって多大な迷惑であっただろう。

検見は百姓にとっても迷惑であった。「継場《つぎば》庄三郎出入済口一札」という文政十三年（1830・十二月に天保元年に改元）の文書でそれがわかる。〈29〉検見のさいの継場をどこにするかで揉めた話である。

継場は、収穫量のサンプルとなった田から米を秤量場所へ運ぶための中継地を言う。継場となった田や畑の持ち主は、本来の仕事の邪魔になったり、田畑を踏み荒らされたりで迷惑至極である。これまでも継場となっていた小島田口の庄三郎が、今年は桑の植え付けで忙しいので御勘弁願いたい、下氷鉋口の繁八の田を使ってくれと訴え、繁八は嘉右衛門の田があるではないかと言う。結局は〝済み口〟（和解）で、これまで通り庄三郎が引き受けることになったが、だれも関わりたくないという本音が見て取れる。

三　上納金

松代藩の財政は、健治が生きた幕末に向かって非常にきびしい状況にあり、種々の名目で領民から金銭を集めていた。「真田家文書」の目録を見ただけでも、御用達金のほか、入用金、才覚金、差上金、拝借金、取替金、御納戸御余慶方預などが現れる。厳密にいえば、それぞれ異なるタイプの上納金なのだろう。

藩へ差し出したさまざまな名目の上納金についてまとめてみる。年貢とともに領民が藩の財政を支えるという構図であるから、この章に加えてよいだろう。

佐文治の時代には、災害見舞金として分量御用達金をたびたび上納している。分量御用達金とは、身の程にあった、あるいは分際に応じた分担金というニュアンスを感じるが、主に豪農・上層農民から徴収された。

・文化八年　二両の分量御用達金、江戸御上屋敷御類焼に際して
・文政十二年十二月　七両二分、松代藩の江戸上屋敷の火災に際して
・天保二年五月　十両の分量御用達金、江府御上屋敷御普請につき

以上、いずれも江戸藩邸の火災後に上納した用達金である。

健治の時代になってからは、まず、天保四年（１８３３）十二月に三両の分量御用達金を差し出している。この年は、天保の大飢饉が始まった年で、分量御用達金とは別に融通穀も供出していた。翌年、天保五年には、さらに三両を追加している。

天保八年には、「御上様御触御用達金五十両」という記録がある。〈2〉

申年（天保七年）の冬、異例の凶作により藩の役人・御内借方から才覚金百五十両を仰せつけられたが、右記の通り五十両をお受けした。年一割の利息で二年返済

天保七年・八年は天保の飢饉の末期である。低温と長雨が続いたことにより全国的に凶作、すなわち異作の年であった。才覚金として五十両を差し出したというのだが、御内借方からの要請であり、利息にも触れていることから、藩への貸付金と見るべきだろう。百五十両もの金額を指定されて、すんなり応じるはずはない。

嘉永五年（1852）十月には、「御代替わりにつき」十二両を献上している。この年、五月に真田幸貫が隠居し、真田幸教が家督を継いで藩主となったことによるご祝儀名目と思われる。

嘉永七年十一月には、「御殿向焼失につき」十二両の上納金がある。「御殿向御焼失」は、嘉永六年五月に起きた「花の丸火事」を指すのだろう。この火事は花の丸より出火し、御殿が全焼した。この火災で村日記・諸記録の多くを焼き、五千三百両におよぶ小判・一分金・二朱金を焼失した。「御住居向残らず焼失」により殿様は文武学校での避難生活がしばらく続いたという。[33]

小林家以外にも、領内の名主・豪農と思われる家の文書には、「分量御用達金」という言葉が現れる。しかも、それら受領書の出された日付も差出人も小林家宛のものと一致する。

・埴科郡森村・中沢家文書では、天保五年二月と嘉永七年十一月

・水内郡長野市上松・山岸家文書では、嘉永五年十月に二回と嘉永七年十一月

（長野県立歴史館所蔵の史料による）

文書が残るような富裕名主クラスに対しては、上納金を同時に要請したようだ。文久三年には分量御用達金百両を上納しているが、その経緯が書き留められている。〈32〉健治も素直に用達金に応じたわけではない。断りきれず、しぶしぶ上納していた様子が見て取れる。「文久三亥年三月異国軍船渡来につき、太田御陣屋御固め御用」の記録から概要を記そう。

文久三年（１８６３）三月、英国軍艦が横浜沖に渡来し、松代藩は太田陣屋の警護のため物入りが多くなったという理由で、分量御用達金を仰せ付けられたのである。渡来直後ではなく六月のことである。太田陣屋は、横浜警備の拠点として太田村に設けられた松代藩の陣屋で、現在の横浜市西区日ノ出町あたりになる。

郡中担当の役人・入久左衛門様・倉田三之丞様が広田村に廻村し、役元にて三百両を仰せ付

けられた。村方で八十両を請けることにしたが、その後、健治には三百両差し出せと仰せ付けられた。八十両を引受けたが、三百両との要請は止まない。

勘定所への呼び出しがあって出かけたところ、水井忠蔵様・春日儀左衛門様・入・倉田が代わる代わる、さらに七十両を上乗せせよと言う。それは無理と断る。「同じく広田村の医師神林玄順は、私より田地も余分に所持しているのに四十両、私は八十両も差し出すと言っているではないか」と訴えると、「神林にも、さらに多く用達させることになっている。下氷鉋村・善左衛門は百三十両も出している」など、いろいろと言い訳される。

その後も元〆役所で入・倉田に代わる代わる言い含められ、六月八日、八十両の上に二十両を追加して百両の上納を申しあげたが、それでも承知してもらえない。この合計百両の上納について六月十日に入・倉田宛に役代・久助の名で口上書を差し出すが、逆に、条件を提示されてしまう。①二百両を差し出して本口籾十俵を貰うか、②百五十両差し出すか、③書面を差し出すか、④身上調べを受けるか。この四ケ条のいずれかを選べとせめられる。③と④は、要請に背く意思を示すことであろう。

六月十六日小触れが来て、十八日に勘定所へ行く。

元〆の水井に猶予を願い出る。水井が内々に御奉行・長谷川殿に伺ったところ、百両差し出せばよいということで決着した。

下級役人が無理を言って大分もめた様子はわかるが、勘定奉行まで話が上がって、結局は百両に確定したのである。他の資料にも見られるように（第8章3節）、ここでも神林家が引き合いに出されている。格式の点で、何かと気になる村人だったのである。

ちなみに、文久三年に英国軍艦が横浜沖に渡来したことは、幕末の歴史としては、あまり注目されていないようだが、実際のところ、幕府は黒船来航の時よりも危機感をもって対応していた。江戸市中の混乱ぶりも黒船来航の時の比ではなかった。[1] 物珍しさは失せ、家財道具をもって江戸から引っ越しする者もいたという。

上納金について続けよう。

慶應二年（1866）正月には、三百七十四両三分三匁八分五厘を上納している。〈4〉倉田三之丞と野中喜左衛門による健治宛の受け取り「覚」があり、さらに草間一路と佐藤為之進が「右之通り承知致し候、以上」と奥書を認めている。この金額はずいぶん中途半端な額である。健治自身は「慶應二寅年正月金四百五十両献上致し、籾十八俵永々下し置かる」と記録していて、〈4〉どういう訳か「覚」の金額とだいぶ異なる。

さらに明治三年（1870）の松代騒動の直後にも、官札で五十両の献金をしている（第9章4節）。

以上のとおり、事あるごとに、また要請があるたびに上納金を差し出していた。これは健治に限ったことではない。豪農からの上納金が松代藩の財政を支え、豪農にとっては身分の上昇や藩政への関与へと繋がったのである。

ひと言で豪農と言っても、上納金のレベルはいろいろあり、小林健治家は実のところ豪農と言うにはあたらないかもしれない。松代藩には「御勝手御用役」という役職があって、本当の豪農はこの職に抜擢され、驚くほどの上納金で藩を支えていたようだ。[37]

御用達金を始め、藩に対する貢献には御賞が与えられるのが一般的であった。健治が藩から受領した御賞については、健治の年譜(巻末資料2)の中に適宜記しているので、そちらを参照していただきたい。

四 無尽

村人は無尽という形でも藩の財政を支えた。殿様が胴元となり領民へ一定の負担を課す、いわゆる殿様無尽である。胴元が真っ先に借受けるのが普通だから、まずは殿様が一定の資金を確実に手に入れることができるのである。幕末から明治にかけて何度か組織されたようだ。

「広田区有文書」には、文政四年（古93デ27　古04）、文化十一年（古93デ51　古06）、そして、文化十一年（古93デ152　古14）に、無尽に関わる文書が存在する。最後の文書は、小林家に残された「御無尽帳ならびに書取帳」という文書とまったく同じ内容である。〈29〉これを見てみよう。

冒頭は、松代藩の役人・徳嵩甚蔵　岡田庄助と村人との申し合わせで始まる。

近年、藩の財政が厳しいので、今般、一口・二百両の掛け金で無尽を始めることになった。自分たちは、この無尽を取り計らうよう仰せつけられたので、村の者どうし互いに取り決めて、〝異乱なきよう〟（滞りなく）取り計らってほしい。

これに続いてこの無尽の規約が細かく記されている。

決済は三月と十二月の年に二回、文化十一年（1814）から文政十年（1827）三月まで、二十六回で最終回。各村々に一口二百両で十五村三千両、藩は十口で二千両のそれぞれ決済なので、二十五口の合計五千両の無尽である。

先ずは、藩が十口分の二千両を落札した。完了までの各会の年次計画も記されている。

この無尽は藩方の財政難のため計画通りにいかなかったようだ。[49] 文政五年の十六回目あたりから、殿様側から掛け戻されるべき金額が滞納された。そこで、以後、年賦割にしたり減額したりして年数を〃延引き〃（先延ばし）して遣り繰りした。最後は百姓の受け取り額を年貢と相殺したらしい。

その後、慶應三年（１８６７）にも殿様無尽が始まる（広田区有文書「御殿様御無尽金人別帳　広田村役元」（古９３デ９７　古０８））。健治はその経緯を日記に綴っている。[32]

○十二日七ツ時分、萩原が参られたので、すぐさま村中の高持が堂で寄り合いをもつ。堂に村役人も集まるというので、久助に行ってもらう。

○十三日朝、小触が来たので役元へ行ったところ、萩原殿が「藩の借財が多いので、御殿様が御奉行所を通して、村方へは四百両、小林へは村高を除いて百両を仰せつけられた」と申されたので、「近年、毎年のように御用達金の要請があり、昨年は不作の上、今年は二度までの仰せ付け。度重なるうえに、また今回というのは、承服できない」と申しあげたところ、……

堂は昌龍寺境内の地蔵堂であろう。寄り合いは十二日から十六日まで続く。

村方へは四百両もの掛金が要請され、健治にはさらに別途百両を要請された。不作のうえに、また無尽である。渋る健治にたいしては、御奉行様の要請を聞き入れないか、村方の分に援助するか、躊躇なく百両を受け入れるか、いずれかに決めて、返事をせよといわれる。

十六日、どれに決めたか尋ねられて三十両を引き受けると答えたところ、藩の勘定役は立腹した。役人を怒らせてこれはまずいと思ったのか、村人は割付の強制を次々と受け入れてしまった。場の雰囲気から健治は、五十両と願い出たが、しかたなく六十両で決着させた。

十六日の日記には、

村方では四日四夜の寄合をしたけれど、もっぱら大高の百姓に頼るだけで、自分の身に窮状が及ぶとも考えず、村役人も三百両くらいへの減額を申し出ることもできず、小前の者と名を連ねて四百両を受け入れてしまった。他村では、百五十両または二百両を要請されても、百両位にする訴えが通っている。当村では上へ報告すると言われて驚き、尻込みしてしまったので、百両も損失になってしまった。

と書いて、村人の弱腰を嘆いている。珍しく健治の胸の内が吐露され、憤慨している様子がわかる。言うべきことはしっかり主張し、村人にもそれを期待していたのである。

五　神社への寄進と勧化

この時代、武士であろうと百姓であろうと、神社との結びつきは計りしれない。収穫、健康、子の成長、災害などは、それこそ神頼みであったろう。村祭りのような種々の年中行事も神社なくしてはあり得ない。村の鎮守の宮を寄進・奉加などで支援することは、村のリーダーとして当然の仕事であった。本章の3節までに述べた年貢や藩に対する上納金とは同類にできないが、生活と密着した神社への寄進・奉加の例もこの章に加えておこう。

寺院への寄進も数多くされているが、それらは、巻末資料2「年譜」に適宜加えた。

広田村には上下諏訪社、伊勢社、戸隠社の三つの神社があった。[45] これらは広田村の村社《そんしゃ》である。村社という格付けは明治以降に行われたので、この時代は、村の鎮守社と呼ぶ方が適切かもしれない。これら三社は村の氏神様であり、村人共有の財産ということになる。祖父・佐文治の時代からさまざまな援助をしてきたが、健治も三社の維持に力を貸し、寄進している。〈4〉

・嘉永二酉年七月　伊勢宮建替、大工富竹村・峯村和泉、渡金三十六両也
・嘉永六丑年十一月　諏訪宮両社葺替、大工・八百蔵、入料十一両二分二朱也

大工の名前が記録されているが、他にも、笹平村・五平、西条村・甚左衛門、東福寺村・忠八などの例がある。当時は、建築物にたいする大工個人の職人技が今よりも評価され、尊敬されたのだろう。宮大工なら、なおさらのことだ。

寄進は、村の鎮守の宮だけでなく、伊勢神宮の本宮にも及んでいた。以下のように、礼状に当たる文書には「御役人中様」とあるから、村単位で奉納していたのである。年代ははっきりしない。ご利益がありそうな文面なので、ありがたく原文のままを記しておこう。〈30〉

広田村　御役人中様　　久志本神主

猶々《なおなお》去年、御初穂籾一俵金二朱至来、めでたく神納いたし候、以上
一筆啓上いたし候、嘉例により御祈祷御祓太麻、御祝儀たる土産相添え
進上いたし候、弥《いよいよ》神前に於いて御家内長久御安全の旨、
丹誠《たんせい》を抽《ぬきんい》ずべく候、

なお、後喜《こうき》の時を期《ご》し候、恐惶謹言

久志本神主

常庸

九月吉日

御役人中様

伊勢神宮の宮司を代々勤めていたのが久志本家であり、その使い〝御師《おんし》〟が伊勢から来村して届けた文書のようだ。村から奉加した初穂籾と金二朱を神納したとある。「お祓い大麻」を添えるので、神前で家内長久安全の祈祷を丹誠込めて（丹誠を抽ず…たんせいをぬきんいず）行ってくださいと書かれている。

「お祓い大麻」は、天照大御神の〝みしるし〟として伊勢の神宮で奉製され、全国の神社を通して頒布されたお神札《ふだ》である。大麻は正式には「おおぬさ」と読むらしい。「神宮大麻」として各家庭の神棚にまつられ、生活の中に浸透していた。「神宮大麻」は御師が全国へ出向いて配布したり、お伊勢参りが盛んになって現地で拝受したりして流布するようになった。

なお、九月吉日の書簡ということは、神宮大麻の奉製の過程で執り行われる幾つかの祭儀を経たあとの、神宮大麻頒布始祭（九月十七日）に合わせて届けられたと推定される。神宮暦に沿った配布である。

天保十一年四月に御師が来たときには、「郷中村寄伊勢御師代替につき」という名目で、村から奉加

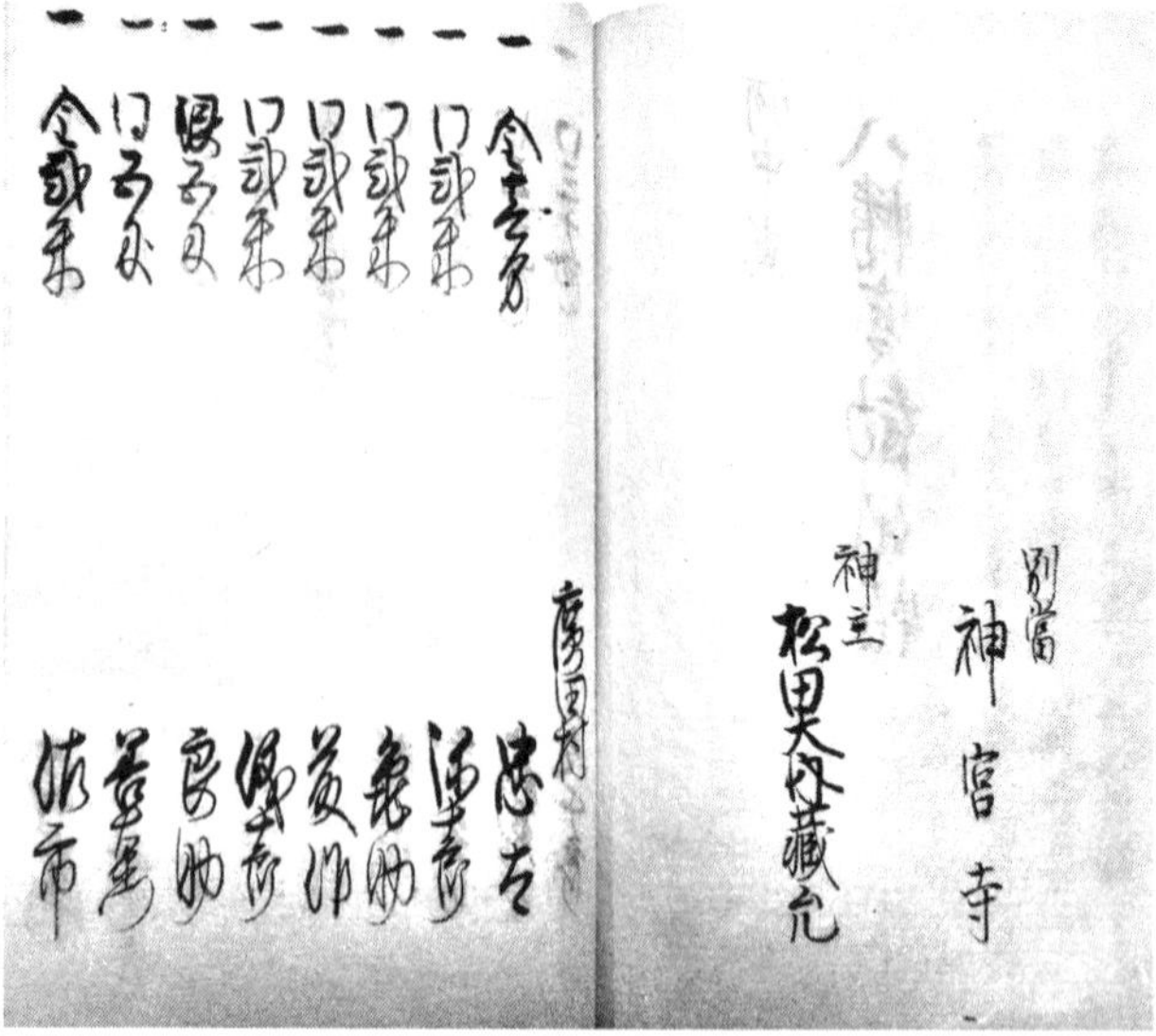

図5-3「川中島八幡宮勧化帳　嘉永二酉年十月」の最初のページ

神仏習合の結果、八幡神社には神宮寺が置かれていた。松田大内蔵充は、神主でありながら、神宮寺の仏教儀礼を行う僧侶、つまり別当でもあった。

金二百匹を納めている〈3〉。

寺社の建立、修復、仏像の新造などのために、勧化という形で奉加金が集められることもあった。諸国を巡行して寄付を募るのである。「勧化帳」は設立や修復などの趣旨を書いた趣意書をいい、「勧進帳」と意味は同じである。

「川中島八幡宮勧化帳　嘉永二酉年十月」と表題の書かれた綴りがあった。これは趣意書ではなく、寄付者名簿となっている（図5-3）。合計九十四名の寄付者の名前と金額が列記されている。冒頭は、「金一分　広田村　忠太」とある。九十四名ということは、判頭のほぼ全員が寄付に参加したと思われる。健治の名前がないのは、個別に十両を寄進しているからである。

幕府あるいは領主から正式に許可された勧化は、御免勧化と呼ばれる。お墨付きを得たことは、義務化に導きやすくなり、村単位での寄付を集めやすくなる。

川中島八幡宮とは、現在千曲市にある武水別神社《たけみずわけじんじゃ》である。〝やわた〟の八幡宮ともよばれるが（〝やわた〟は地名でもある）、当時は川中島八幡宮で通じたらしい。延喜式にも名神大社として記載されるほどの由緒のある神社である。何度か火災にあい、その都度再建されてきたが、本殿は嘉永三年に完成している。このことから、嘉永二年の勧化帳は本殿再建のための勧化であることがわかる。

藩や幕府の許可を得て正式に認められた御免勧化に乗じて「御免勧化」を唱え、村内の各戸を訪ね歩いて金品を集める余所者も多かったようだ。大きな寺社なら信用できるが、中には許可もなく偽って金銭をせびる輩もいたらしい。そんな怪しげな人物がいたら届け出るようにという「御免勧化御書付」の触れが文化九年に出ている。〈29〉

慶應二年「年々役本付諸勧化奉加扣送帳　広田村　名主儀重郎」という「広田区有文書」（古93デ75古06）には、恒例で村から奉加金を勧化している寺社と奉加の時期とが列記されている。奥州羽黒山、甲州白山、甲州御岳山（金峰山）、諏訪様、富士山、出雲大社、などが含まれている。こうも増えてしまっては、毎年の勧化は御免蒙りたいという、村役人の気持ちも理解できる。

余聞の節　五

百度石

天保十一年、「郷中村寄伊勢御師代替につき、奉加金二百匹」という名目の寄進に関し、〈3〉健治は、「村役にては他村に二百匹の者多くこれありの趣より、斯くのごとく出し候。時に、五匁より五千度、十匁より一万度、それより上は皆一万度なり」と記録している。

奉加金の金額が多いほど、お祓いを受ける回数が多くなり、当然、清めの力もその分だけ増すというわけである。銀貨五匁で「五千度祓い」、十匁以上は「一万度祓い」を受けられたというのである。

この「〜度祓い」は来訪した御師からお祓いを受けるものであるが、一方、こちらから出かけて祈願するのが本殿への「〜度参り」

図5-4 松代・祝神社の百度石
“御百度詣数取”と書かれている

である。馴染み深いのは、「お百度参り」であろう。

「お百度参り」では、本殿でお参りしてから、〃お百度石〃まで戻って、参詣を繰り返す。その回数を数えるための「お百度石詣数取」と刻まれた百度石が松代の祝神社《ほうりじんじゃ》にあるのを見つけた（図5−4）。石柱の上部に二つの窪みがあるので、参詣が済むたびに、そこへ小石でも置いていったのだろう。祝神社は松代町方の守り神、産神として、町内では「お諏訪さん」と呼ばれて親しまれ信仰されてきたという。[2]

図5-5 八幡・武水別神社の百度石

武水別神社を訪れた際にも、百度石があった（図5−5）。これには、二本の鉄棒にそろばん玉のようにリングが百個はまっていて、一度お参りのたびに一個リングを移動させて数えるという工夫がなされている（祝神社の百度石も、元は同じ方式であった可能性がある）。

木製の枠からなるまさに〃百度計〃とも呼べるものも、無造作に置かれていた（図5−6）。

祝神社や武水別神社では、実際に百回も参詣する人がいたということである。境内を百回往復するだけで五時間くらいは掛かるだろうが、実行可能な範囲である。

「千度参り」もある。安政五、六年、京都でコレラが大流行した時、疫病を免れようとした人々の間で盛んになり、そのようすが、古文書や瓦版に残されているという（京都市情報館ホームページ）。京都では、現在も「千度参り」の行事がある。

図5-6 八幡・武水別神社の“百度計”

第六章　災害と被災後

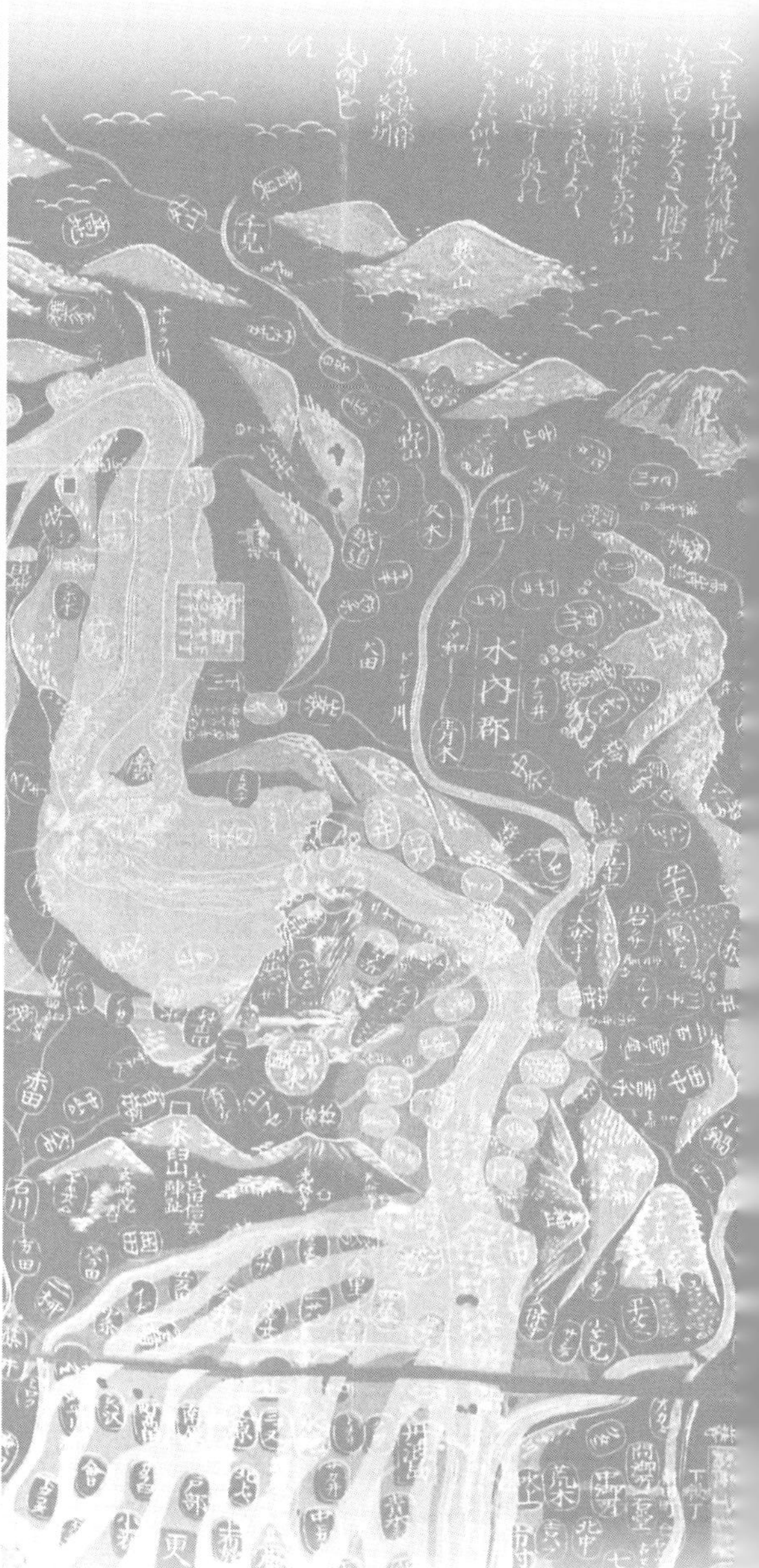

一　自然災害

何時の時代に生きても、日本人は大きな自然災害を経験する。日本列島が環太平洋火山帯の中にあり、四つのプレートがせめぎ合う真上に位置することを考えると、自然災害は避けられない宿縁なのであろう。

健治の生きた時代も例外ではなく、大地震とそれに伴なう大洪水が起こっている。これは本章の2節以降にまとめることにして、この節では、その他の自然災害や天候不順について、健治が書き残した記録の中から拾って見ていこう。

まず、初代・忠八が経験した大洪水について。次のように書かれている。〈4〉

寛保二戌年八月一日、松代へ参り居られ候ところ大満水、滞留七日目、松原通りにてお帰りなされ候由健治が生まれる六十年ほど前の出来事で、伝え聞いていた話か、あるいは忠八の嫡男で祖父の佐文治が残した記録に基づいて健治が書き記したと思われる。忠八は享保十二年（1727）生まれであるから、十六歳のときに松代へ出かけていたことになる。

寛保二年壬戌（1742）八月、台風の通過による連日の大雨で千曲川が氾濫し、沿岸地域に大きな被害を及ぼした。「戌の満水」と呼ばれる大洪水である。

松代から広田村へ戻るには、寺尾船渡を使って千曲川を渡るのが通常のルートと思われるが（図1-1）、ここが満水の被害を受けたので、七日間も足止めをくらったうえ、上流の赤坂船渡を利用したのであろう。

浅間山の大噴火も、健治が生まれる前の出来事であるが、「佐文治様三十一才御時」とあることから健治の筆になることがわかる。[3]「天明三卯年、浅間山焼ける、大凶年」と書かれている。

天明三年（1783）、四月から七月上旬にかけて断続的に噴火していた浅間山が、七月六日〜八日にわたって大噴火を起こした。爆発による直接の被害は群馬県で大きく、松代藩では現在の山ノ内町周辺に限定されたようだ。しかし、大量の火山灰は広範囲に降り注ぎ、遠く江戸、銚子にまで到達したという。ちなみに、この年三月には岩木山も噴火している。

火山灰が日照を妨げたことにより全国的に冷害に見舞われ、〝大凶年〟となった。翌年から天明七年にかけて深刻な飢饉が続いたのである。

この頃、海外の火山も大噴火を起こしており、地球規模の寒冷気候になっていたことも見逃せない。その後、天保の大飢饉もあった。天保四年（１８３３）以降の大雨、洪水、冷害により凶作が続き、天保八年が特に酷く餓死者が多く出た。飢饉になると疫病も流行り、疫死者も増える。飢饉に伴う疫病はおそらく疱瘡（天然痘）や麻疹《はしか》というよりは、もっと重篤なものであったろう。

疱瘡は災害時でなくとも幾度も流行を繰り返している。健治の成人した息子たちも、忠太が三歳、繁治が四歳、寛之進が二歳で、全員疱瘡に罹っている。

季節外れの大雪が降った記録がある。天保十二年（１８４１）、健治三十八歳の立夏三月十七日のことである。


雪一寸五分積る。

同三月十七日夜、八十八夜にて、立夏入りし夜なり。

山中は尺五寸積もりしと言う。

和暦を西暦に変換できるウェブサイトがある。これを利用すると、天保十二年（１８４１）は一月に閏月があり、三月十七日は西暦で五月七日となる。八十八夜に遅霜の降りることもあるが、雪まで降るとは。立夏を迎える時節、たしかに季節外れといってよい。山中は五寸で15㎝の積雪。盆地部の広田村でも4.5㎝くらい積もっている。

干ばつで雨乞いをした記録も見つかる。〈3〉

綿作生口これなく干照、地蔵堂にて雨乞いす。巳四月中、雨降らずして、五月の中に雨ふりて、よふやく生きる。

巳年四月は天保四年、天保の大飢饉の始まる年である。稲作のための雨乞いは旧暦六月が普通であるが、綿作では四月ころ芽が出て、その時期に雨が降らないと生育しないようだ。五月に雨は降ったものの生育は悪かった。

同じ年の七月に、下小島田村役人が郡奉行所に宛てて出した訴願の中に「畑方木綿の儀、土用入りより天候不順ゆえか、生育期になっても場所により実入り候玉、今もって相見申さず、その上、枯れ木間々あり…」とあるのを見た。[41] ここに書かれた天候不順は、晴天が続かなかったことを言っているはずだ。開花して実を付ける時期には十分な日照を必要とするからである。

二　善光寺地震

弘化四年（1847）三月二十四日に起こった大地震は、まさに善光寺平を震源とするM7・4の内陸直下型の地震だった。阪神淡路大震災（M7・3）と同程度の規模ということになる。善光寺地震とも呼ばれ、この地域に甚大な被害をおよぼしたことで知られる。地震そのものによる家屋の倒壊と火災にとどまらず、地震の後に起きた犀川の洪水による被害も大きかった。虚空蔵山の山崩れにより犀川の流れが遮られ、堰き止め湖となっていたところ、四月十四日、折からの大雨で一気に崩壊して激流が川中島平を襲ったのである。下流に位置する広田村でも水に漬かった地域はあったが、小林家では地震、洪水ともに大きな被害はなかったようだ。健治は「弘化四未年三月二十四日、大地震、犀川二十日泊る、四月十四日七ッ時大満水」と記録している。〈4〉

地震当日の様子と、その後の大洪水についても書いている。〈3〉

今日、善光寺開中夜地震大火強水難の事

弘化四年三月二十四日の夜、大地震が起こった。戸や障子がはずれ、床が落ちるほど激しい揺れだった。善光寺は残らず潰れて、大火事になった。参詣の旅人数万人が亡くなった。稲刈山も同様。西山中の村々では、大火により亡くなった人の数知れず。安庭《あにわ》上虚空蔵山が崩れ、犀川が二十日間堰き止められた。水高九丈余になり、土尻川は煤花まで山崩れで水が堰き止められた。…中略…

四月十三日七ツ時、先ず、溢れた水は川中島へ流れ出て、小松原村山岸の村中を通り、今里、南原、小森、上横田の村岸を廻っての大洪水となる。深さは六丈あまり。小市山までも突き破り、四ツ屋村、小市村を残らず押し流して、氷鉋、ここ広田村□窪を通って、小島田へ走る。残水は市村川筋を通って川北へ廻る。夜四ツ過ぎより広田村では水が引き始めた。村裏に流されて来た家の屋根は連なり、小島田境広野沖まですき間なく続き、倒壊家屋は数知れず。

善光寺はちょうど三月九日から始まった御回向《ごえこう》（御開帳）の最中であったので、参拝者の多くも犠牲になった。大地震の二十日後、〝山よけ〟（山崩れ）で堰き止められた犀川の水が、激流となって一挙に流れ出た。

小市村は犀川の船渡りのある場所である。この辺りから今里、上横田を通って千曲川方面に流れた。広田村にも拡がり、小島田へと流れたようだ。

この時の洪水の絵図が小林家に残されていた（図6―1）。誰の筆になるのか、図には何も記されていない。図中に洪水の様子が文章で書き添えられているので解読に挑戦してみたが、なかなか難しい。しかし、曲がりなりにも途中まで読み続けたところで、「是時、僕昌言海津之西条山ニ在リテ」という記述に出会う。そこで初めて、これを書いたのは〝昌言〟という人物であることがわかる。それならばネット検索だ。

驚いたことに既に長野県図書館等協働機構・信州地域史料アーカイブに、この絵図と同一のものが所蔵されているではないか。

解説記事によると、原昌言《はらまさこと》は上塩尻（現在上田市）の人で、大震災と大洪水の実態を目撃し、その体験をもとに、この絵図『信州犀川崩激六郡漂蕩之図』と、もう一つ『信州大地震山頽川塞湛之図』の二つを出版した。出版ということは、広く出回っていたのだろう。健治もその一つを手に入れていたのだ。驚くことではなく、よく知られた絵図だったのだ。

アーカイブHPに全文の現代語訳とふり仮名付き原文が載っていたのは、ありがたい。なかなか迫力のある漢文調の文章で、洪水の巨大さがよく表されている。一部を原文のまま紹介しよう。

> 時に疾風《はやき》いさごを飛し潰波雨《いかれるなみ》を降《くだ》す。魁《さき》水のほとバしるさま百万の奔馬《あれこま》を原野に駆《かる》がことく、巨涛《おほなみ》のみなぎる天地を漂《たゞよハ》す歟《か》と疑ふ。山岳ために沸騰《わきあからんと》す［是時真神山下水嵩六丈六尺四寸］。その水勢の

図6-1 原昌言による『信州犀川崩激六郡漂蕩之図』より

迅速《すみやか》なる、一道の水路南に向ひ小市・小松原を陥《をとしい》れ、今里・今井を経て御幣《をんべい》川に至り［用水上堰行程三里］はじめて千曲川に会す。又一道四屋・中嶋を蕩尽《とらか》し、南北原村［千本松ノ際］を過、会《あひ》・小森［二軒家］にしてともにちくまに入る。日既に西山に没し、又一道北川原・梅沢・鍛冶・上氷鉋《ひがな》を浸《ひた》し、丹波嶋を南へ廻り、両大塚・小嶋田を貫き八幡原に推《をし》出す。於是みな海津に湊《あつま》ると［時ニ千曲ノ水嵩ムコト二丈余水上横田篠井辺ニ沂ル］。夜亥の初にして東西五七里、南北越路《こしち》に及ひ［翌十四日申剋北越新潟ニ魁水ハシメテ達スト。凡五十里］、高低となく水ならぬ処なし［丑剋ニ至リ水勢ヤウヤク涸レ、暁天ニ悉乾キ三四ノ大川トナル］。同十四日［癸夘晴］迴《はるか》に奥の郡［陰徳沖・木島平］を望《のぞむ》に渺茫《べうぼう》として長江の際《かぎり》なきに似たり。
数日の後、水ひき土かはき常のごとし。

この『信州犀川崩激六郡漂蕩之図』と昌言に関しては、降旗浩樹「善光寺地震の災害情報」が詳しく解説している。[31] 原昌言は学問をひろく学び、ことに国学に通じていたという。昌平坂学問所とも深く関係していた。蚕種の製造と販売に力を注いだことなども書かれている。災害絵図は幕府から正式の許可を得て発行されたもので、当時はそうとう出回っていたようだ。〝幕府の許可〟とは、天保の改革による出版統制がまだ続いていたのだろうか。

三　被災後の援助

弘化地震とそれに伴う大洪水で種々の出費を強いられた松代藩は、幕府から一万両を拝借した。しかし、それだけでは十分ではなかったので、領民に対し課業銭を要求した。その趣意を述べた文書「災後課業申諭大意」が「小林家文書」中に含まれていた〈30〉。「昨年未曽有之大変」と文頭にあるので、弘化五年（嘉永元年）に発せられたものと判る。健治四十五歳で、名主役を勤めているときである。

課業銭とは、領民に身の程に応じて用立てするよう求めた課銭である。

「災後課業申諭大意」の冒頭の一部を以下に示す。

災後課業申諭大意

昨年、未曽有の大変にて、御領分一統軽重これあり候えども、多分災害を請け、如何斗《いかばかり》艱難辛苦致し候事言語に絶え候次第。御上にも深く御哀隣思召され、御手充筋如何ようにも行き届き候よう、取り計いべく旨仰せ出され、夫々御手充これあり候えども、一人一家にとり候ては、為差儀《さしたる》にもこれ無くて、多勢の上にては、微塵積もりて山となす如く、去る一ケ年の御手充御収納御引方など受けにては、莫大至極の御用途なる事は、銘々においても、能々《よくよく》相弁ずべく候。…以下略

「災後課業申諭大意」では、今後五年間、十八歳以上、六十歳以下、男女とも一ケ月のうち一日を奉公日と心得、その日の一日分の稼ぎ、男は百文、女は三十二文を目安に上納せよと告知している。「広田区有文書」にも「課業銭上納軒別御書上惣〆帳広田村　弘化五〜嘉永四」という史料がある（古93デ63　古06号）。軒別ということは、家族の中の課銭対象者ごとに記録されているはずだ。村人それぞれの分限に応じて人頭税のノルマを数年間にわたって課したことになる。

弘化地震の六年後、嘉永六年（1853）、健治は災害復旧のため被害の大きかった善光寺領七瀬村に対して復興資金を貸しつけた。

これに関連した安政三年の文書がある。七瀬村三役人から健治に宛てて書かれたもので、ここから読み取れる貸与金の一件について概要を示すと、以下のようなことになる。

金額は百二十両で、無利息で年十五両、八年での返済という約定であった。翌年の安政元年（1854）には十五両が返済されたが、安政二年は借財がかさみ払えないという。善光寺大勧進様の口添えも上

手くいかない。水科五郎右衛門様が三十両を負担してくださることになったので、村方連印の者が十両を出して合計四十両を返済することで御勘弁願いたい。建治はこれを受け入れ、残り六十五両は免除することで決着した。

安政三年の文書は、これを双方が確認したのである。

三十両を援助した水品五郎右衛門は、善光寺西町の庄屋銀兵衛が書き留めた『役用日記』にも登場する。この日記は善光寺地震が起きた翌日から書き始められていて、地震直後の町民のリアルな姿を知ることができるという。『役用日記』は総務省の防災情報のホームページ「報告書（1847年善光寺地震）」に引用されており、その中に次のような記述がある。

水科様（善光寺町年寄）から下記のような御達しがあった。

一　家作ができる者は遠慮なく普請すること

一　田畑等に小屋掛けした者は、銘々屋敷地を片付けて屋敷地に小屋掛けすること

一　焼け銭でも通用は差し支えない

善光寺町年寄りとあるので、長老的な立場にあって町人にも寄り添っているように見える。

松代藩領よりも善光寺領のほうが被害は大きかった。善光寺領では火事による被害が多かったとい

う。善光寺地震の全貌については、前掲の総務省の「報告書（1847年善光寺地震）」が非常に詳しく参考になる。これによれば、大勧進・大本願家ならびに門前町やそのほか八町の家屋の焼失量は88％と見積もられている。これだけの大きな災害なら、弘化地震の六年後とはいえ、まだ復興の途上にあったとしても不思議でない。

余聞の節　六

火除けの鬼瓦

本文では火災については触れなかったが、松代藩ではほぼ毎年のように大小の火災が起こっている。[29] 失火は重罪に課せられるが、当時の住宅事情や生活様式を考えれば、人災とはいえ気の毒にも思う。火災については、健治は一つだけ長国寺火事について記録している。明治五年五月十五日、松代の真田家菩提寺・長国寺本堂から出火して飛び火し、城下の多くの町が焼失した。「明治五壬申年五月十五日昼入り時過ぎより出火する」と書いた上で、松代城下で被災した寺院や士族の名前を記録している。寺院には大英寺、本誓寺、大林寺、願行寺、證連寺、蓮乗寺などが含まれる。長国寺から南西に向かって飛び火したことがわかる。

火災に関連して、〝水〟と彫られた鬼瓦について触れておこう。鬼瓦は屋根の傾斜した部分（正式には降棟《くだりむね》や隅棟と言う

図6-2 小林家の鬼瓦
母屋改修の折に、取り外されたもの

ようだ）の先端を飾る瓦である。ここには〝水〟という文字が書かれることが多い。小林家母屋の鬼瓦にも〝水〟の文字がある（図6–2）。これには、防火の願いが込められている。〝水〟の両脇には勾玉のような渦の模様があり、これが波に漂っているように見える。これらも水を連想させ、火除けの意味がある。

なお、屋根瓦の鯱《しゃちほこ》も、元来、火よけとして造られた飾りという。鯱が水を連想させるということらしい。

鬼瓦と関連して、真島村に鬼の喜三郎と呼ばれる瓦職人がいたことに触れておこう。本名は神谷喜三郎で、おそらく、鬼は〝鬼瓦の職人〟の意味が込められているのであろう。喜三郎は、須坂で初めて瓦屋を開業した穀町組の喜惣治に招かれて尾張三河の高浜から来たという。[2]尾張三河は三州瓦で有名な土地であり、高い技術をもっていたはずである。善光寺にも出入りした有名な瓦職人らしい。

小林家の主屋の屋根には、以前、鬼の喜三郎が造った鯱があったが、戦後しばらくして、松代の真勝寺へ寄贈され、現在も寺の屋根で威容を誇っている。[1]

第七章　趣味・余技

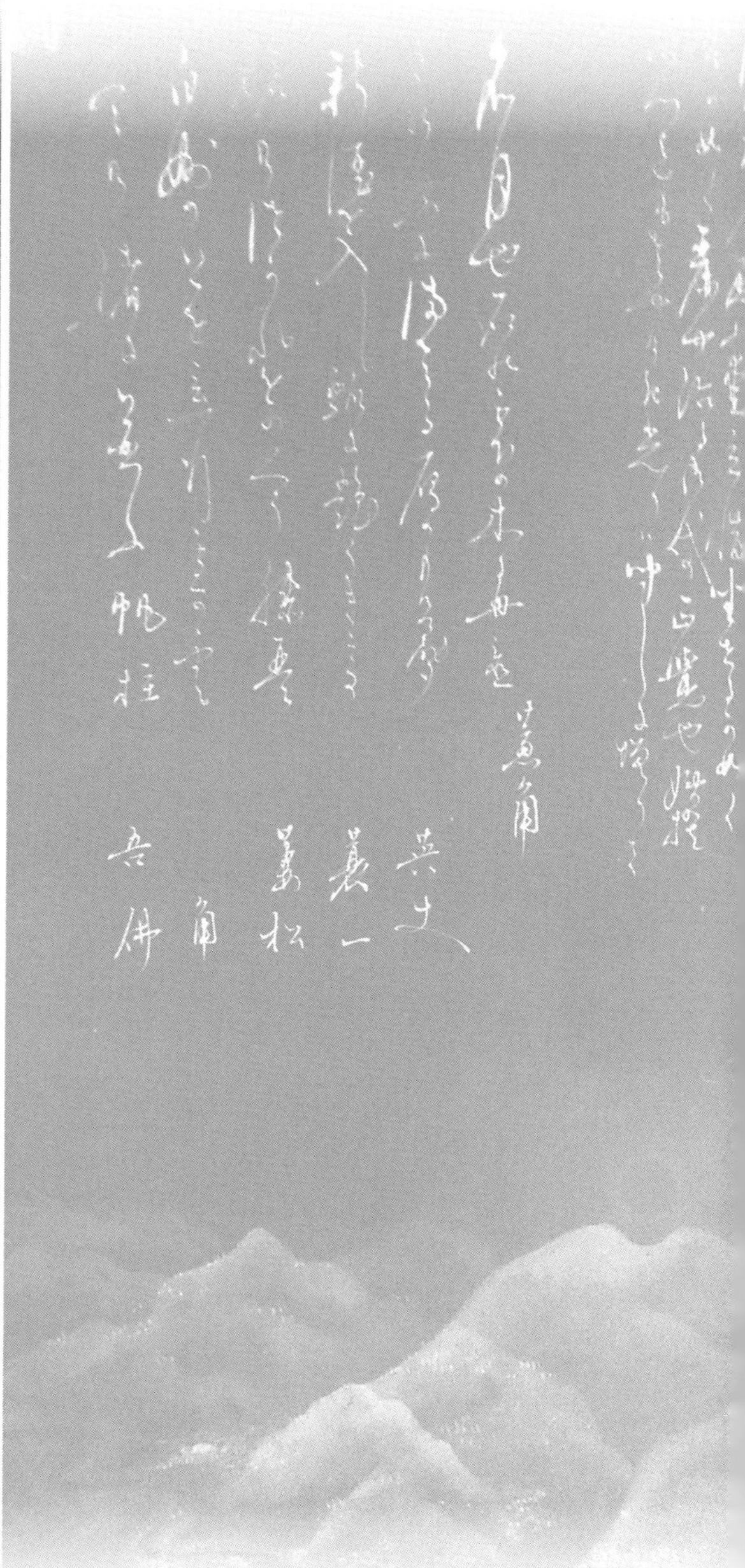

一　俳諧

小林家には俳句を書き留めた短冊が多数残されている。その多くは、健治が「芦角」という俳号で詠んだ句である（図7－1）。

短冊のほか、句集も多い。

『一茶発句集』（俳諧寺社中校正　仁龍堂梓）、『俳諧故人　続五百題』（上・下　文政巳丑春正月　一具）、『累葉集類題』（巻之五　文政三年十二月　京都三条高倉）、『俳諧名家録』（文政庚寅　嘉平月朔）、『三夜の日』（文政十一　月菴乙古十七回忌追善集　英丈編著）、『耳痒集』（文久三年）、『面影集』（明和六年　白雄編著）、『俳人百家撰』（全　安政二年）、『俳諧七部集』（上・下）、『俳諧　文久千三百題』（春・夏・秋・冬）など。

地方の一愛好者にして、これだけの句集を座右に置いていた。当時、俳諧が如何に普及していたかがわかる。俳諧の師匠と言える立場の人物も有名・無名、全国に散らばっていたようだ。上記俳諧書の編著者、高梨一具、嘉平月朔、月菴乙古、英丈、白雄　などは〝有名〟な人物ある。

小林家に残された短冊は、小林一茶についての碩学・矢羽勝幸氏により既に調査が行われていた。

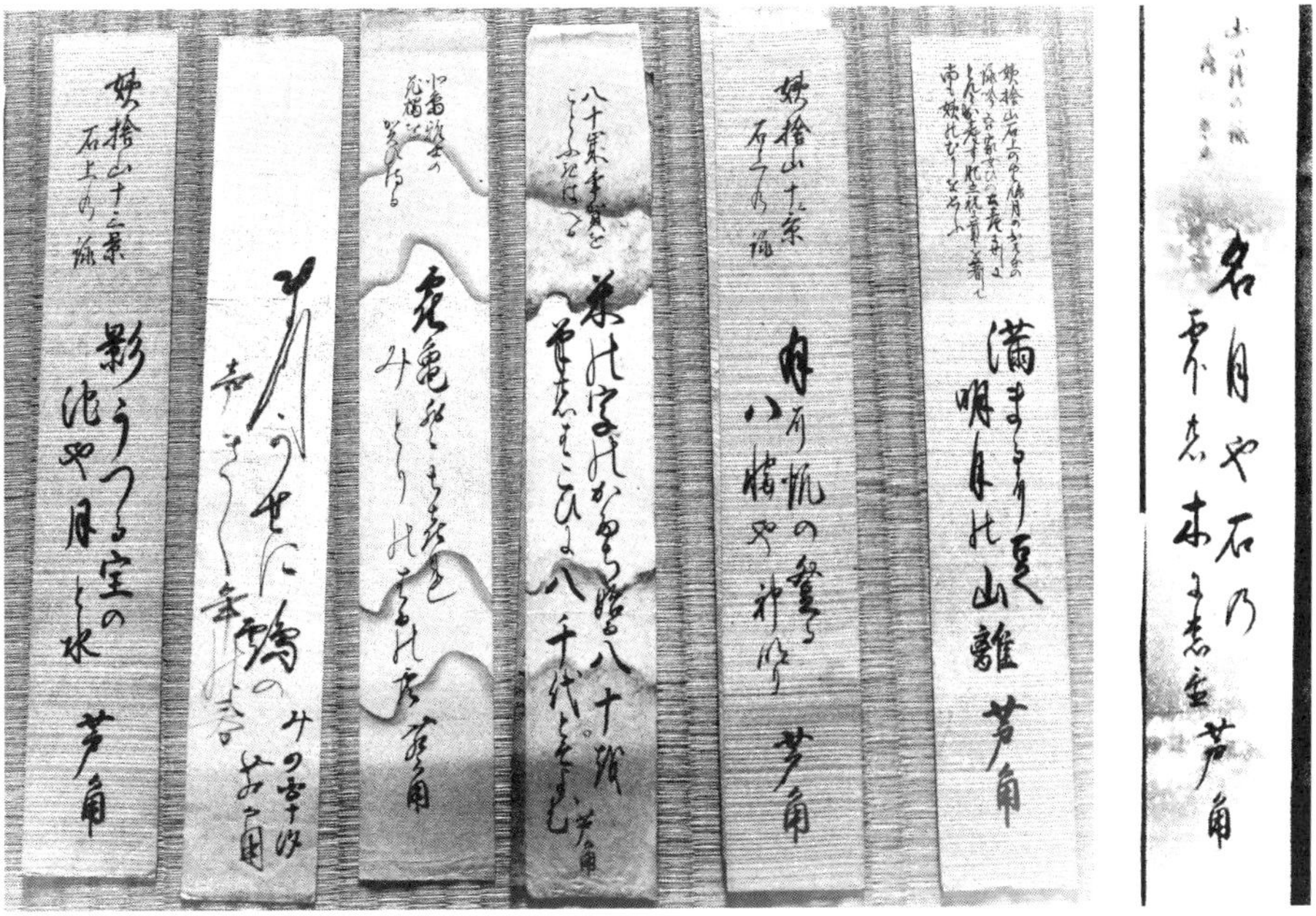

図7-1 健治が詠んだ俳句の短冊。芦角は健治の俳号
右端は連句「姨捨山の景色」で芦角が詠んだ発句の短冊

矢羽氏の著作による、姨捨山を題材にしたあらゆる文学作品を集めて紹介したユニークな『続姨捨山の文学』(千曲市教育委員会)に、芦角が編んだ句集『姨捨山の月』が紹介されている。[7]

『姨捨山の月』の中から「石の雫の連句」を引用しよう。

名月や石の雫の木にも置　　芦角
昼よりまさる雁の諸声　　英丈
新酒入し瓢につやうきて　　蓑一
旅のつかれをぬぐうひざ琴　　萎松
白妙の上を這行雪の雲　　角
冬の渚に並ぶ帆ばしら　　吾仏

この連句をまいた英丈、蓑一《さいち》、吾仏はいずれも名の知れた俳人である。特に、両角吾仏は明治初期の俳人番付に上位で名前が載り、別格の行司役にも上げられるほどであったという。[2] 英丈は屋代の人で、祖父が月菴乙古である。祖父の追善句集として、前掲の「三夜の日」を編集している。蓑一は姨捨の棚田の脇にある長楽寺の僧である。

「姨捨山の景色　石の雫の連句」で健治(芦角)が詠んだ発句の短冊も残されていた(図7-1の右端)。

この連句を書き留めた掛け軸もつくられていた。「姨捨山の景色　石の雫の連句」と題された書画一体の掛け軸である。書の最後に「応需吾仏録」とある。達筆でなかなか読むのは難しいが、芦角、英丈、蓑一、菱松、角、吾仏の句が、この順に並んでおり「石の雫」の連句が書かれていることがわかる。丙辰、すなわち安政三年九月、健治の求めに応じて吾仏により書かれたもので、画には月耕と署名がある。

吾仏をはじめ、著名な俳人と連句を巻いて楽しめるということは、健治の俳句の腕は余技のレベルを超えたものであったのだろう。

広田神社（5章5節の上諏訪社が明治十三年に改名）には、大きな俳額が二面奉納されている。[8]明治二十九年四月の日付で茂椎と翠艾を選者とする句が千区ぐらい掲げられているという。窪田翠艾《すいがい》は田牧村（広田村と藤巻村が合併した村）の生まれで、吾柳、ノ左《へつさ》、岱栗《たいりつ》、里仙、篤石、甘雨、…らとの交友があり、グループのまとめ役であった。[6]

このように、少し調べただけでも多くの俳人の名が登場する。健治の近辺にいかに多くの俳人がいたか驚くばかりだ。川中島周辺には芭蕉の句碑が二十三基もあるという。[50]俳諧の同門が多数あって、芭蕉を敬慕して句碑を建て互いにこの道の修行と向上に務めたのである。

二　父・嘉忠治の追善句会

安政三年（1856）九月、健治は、父・嘉忠治の没後五十年に当たって、嘉忠治の冥福を祈る追善句会を催した。

この追善句会では、近在の俳人や親族が招かれ、多くの句が詠まれ、連句も巻かれた。実は、前節で述べた「石の雫」の連句と掛け軸はこの折につくられたのであるが、これ以外にも四幅の掛け軸がつくられていた。

その一つは、この会の趣意である嘉忠治追善のために捧げる掛け軸である。桜の小枝が盆に乗った画と、追善の文、そして、安政三年丙辰の日付があり、文章の最後に〝応儒　吾仏録（印）〟とある。画には月耕と署名がある（図7−2）。

追善の文を読み解くのは叶わないが、良く見ると『御鈊禅帳一』にあった辞世「うきふしのながき短きよの中に花の盛を見ぬでちりぬる」（第1章2節）が書き留められている。盛りの花の画を添えて嘉忠治の願いを叶え、供養したのである。また、二十句を超える俳句が並んでいる。俳句愛好者がこれほど集まったことに驚嘆する。

肖像を描いた月耕は、広田村の隣、小島田村の田中月耕である。

【『更級埴科地方誌』[50]では、田中耕月と書かれている。】

父・敬邦（文岱）より狩野派の画法を学び、京都の酒井麟山、江戸の鈴木南領、谷文晁などのもとで、さらに画技をみがき、山水、人物、花鳥いずれの技量にも秀でていた。[6]松代・長国寺の霊屋の花鳥が有名という。[50]

そのほかの掛け軸は、「曾祖父…建句」と題されたものが曾祖父・忠八を（図7-3）、「祖父の…露の句」と題されたものが祖父・佐文治を（図7-4）、それぞれ顕彰したものである。さらに、健治自身の肖像を描いた掛け軸もある（図7-5：人物の部分を拡大した図は口絵に掲載）。いずれも吾仏が文を書き、月耕が肖像を描いている。

図7-2 父・嘉忠治の追善句会の折につくられた掛け軸の画の部分

図7-3 掛け軸の中に描かれた
忠八の肖像画部分

図7-4 掛け軸の中に描かれた
佐文治の肖像画部分

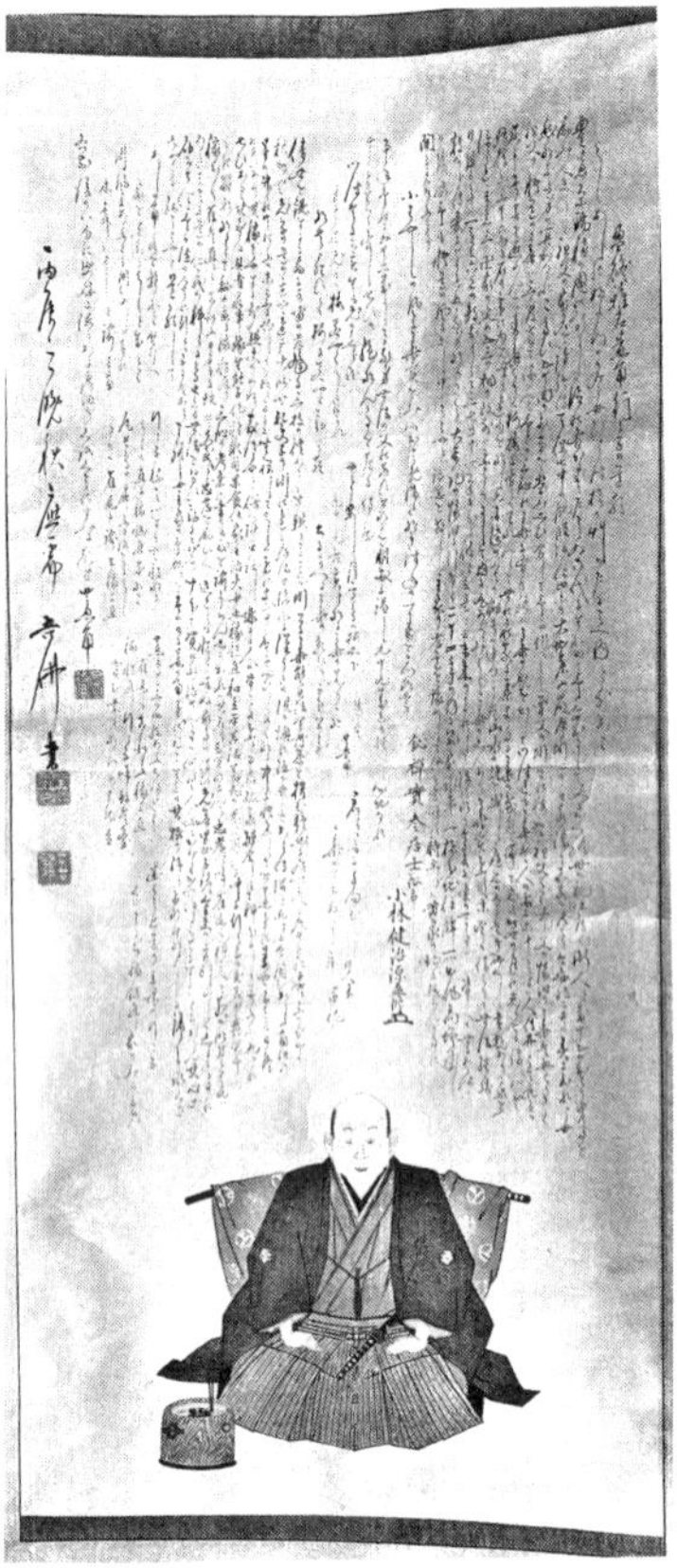

図7-5 健治の肖像画入りの掛け軸
肖像画部分を拡大して口絵−1に載せた。

大名や上級武士の肖像画は珍しくないが、豪商、豪農も肖像画を残すことが多かったという[16]。肖像画には身上がり願望が秘められていて、武士身分の自己表現ということらしい。構図も、刀を脇に横たえ裃を着用するという共通性があるという。裃こそ着ていないが、健治、忠八、佐文治の肖像画にも身上がり願望が透けて見える。

肖像画の描かれた安政三年に、忠八と佐文治は故人である。絵師・月耕は二人の実像を知る由もない。それでも健治は二人の肖像画を残したかった。先祖への追善や崇敬の思いとともに、武士に連なる先祖を演出したかったのであろう。

三　煙火術

文芸とは程遠いが、もう一つ意外な余技があることがわかったので、この章に含めることにする。小林家の古書の中に、次のような言葉が並んでいる一冊が見つかった。

車火、落穂、大嵐、鳳凰草、三国一、白滝、水仙、松風、八重菊…など全部で七十九、いずれも風雅なものばかりである。これらは打ち上げ花火の種類である。

表紙に「天保十四卯二月吉旦　曽天連流火術　小林性」と書かれていることから、それがわかる（**図7-6**）。〝火術〟は花火を意味し、〝曽天連〟は〝ばてれん〟と読ませるのだろうか？　天保十四年（1843）なら、健治四十歳のときである。祖父・佐文治は既に亡くなっており、寛之進（幼名・巳之作）の生まれる前、嫡男・忠太もまだ幼少であるから、やはり健治が用いたものと推定される。

一ページ分の前文がある。

抑《そもそも》、此法者切支丹国より渡来ル
根本也夫種者、炎焼・硫黄・樟脳・
灰・埃之五品也、火之強弱ハ硫黄・灰
之多少也、硫黄多者灰少、灰少ニハ
硫黄少、硫黄少ハ花火也、花火成ハ
埃少、埃少成ハ細也…

炎焼、硫黄、樟脳、灰、埃の五品が花火の材料になるという。炎焼は〝煙硝〟のつもりだろう。埃は〝燼《じん》〟を意味するとして、焼け残りの黒木、つまり炭と解釈しよう。これだけの材料で、七十九種類の多様な花火を作り分けことが本当に出来るのだろうか。各成分を詰める仕様や量などによって違いが出るのかもしれない。たしかに、それぞれ固有の花火名の下に「拾匁、壱匁八分、弐匁」などと成分の量と思われる数値が記されている。しかし、どの成分について言っているのか見当はつかない。これが秘伝なのであろう。

花火といっても、現在の打ち上げ花火のような同心円状に火花が広がるものではないようだ。ロケット花火の類であろう。『曽天連流火術』の最初に書かれた「流星」という花火は、ほかの資料でも目にすることができる。[46]『神傳花火法帳』という古書の中に「龍星」という花火名が出ている。『曽天連流火術』に見る「流星」とは同じものかもしれないが、薬量は異なるようだ。また、妻科では「竜勢」花火と呼ばれる花火大会が行われてきたという。[46]これも、「流星」と同類なのであろう。当時の火術は「星」が次々と打ち上げられたり、火の粉が噴出したりするというイメージでとらえるのが良さそうだ。

『曽天連流火術』では、花火の種類を列記したあとの後書きのように、九ケ条の口伝が並ぶ。

口伝巻

筒先之事

大飛之事

火雷勢之事
強弱之事
摺出之事
打込之事
曲直之事
一大之事
二大之事
右九ケ條切紙伝授可相伝者也

九つの秘伝技術は口伝で授けられ、修得すれば〝切り紙〟（免許）が下されたのである。

『花火実法 巻』という花火の本も見つかった。内表紙に、「安政六未年　正月吉日　小林巳之作」と書かれている。巳之作は後の六代当主・寛之進である。この年、巳之作は十四歳であるから、健

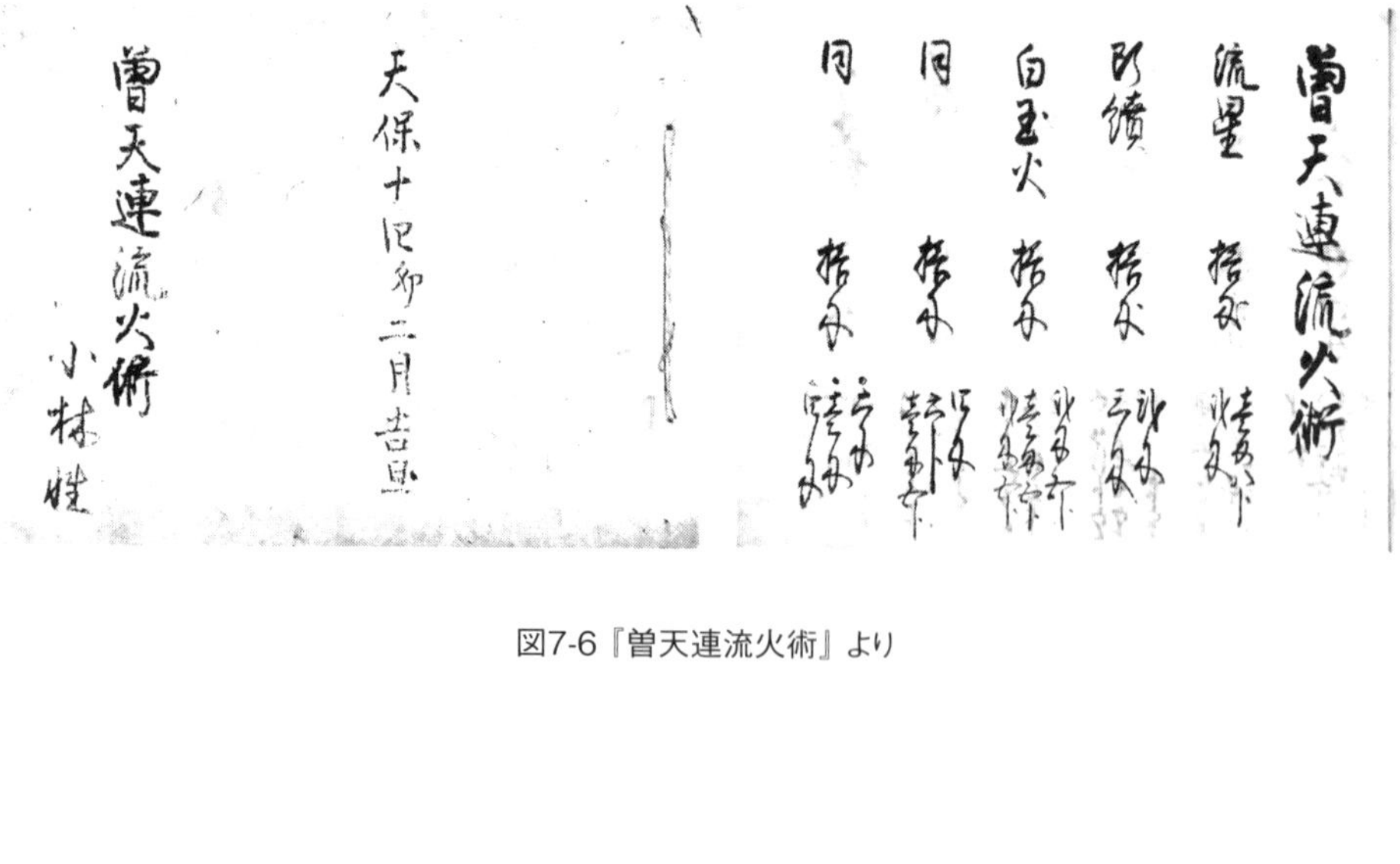

図7-6『曽天連流火術』より

治（あるいは忠太）の余技が巳之作にも伝わったと考えるのが良さそうだ。内容の冒頭に「花火口伝法」とあり、『曽天連流火術』と同様に優雅な花火名が並ぶ。垂柳、今出川、九（孔）雀の尾、白蓮花、八重山吹、金菊、阿や錦など全部で百五十ほどある。

花火の打ち上げに必須な煙硝は手に入ったのであろうか。健治による、次の記録が参考になる。〈4〉

天保十五辰年　当春中砲術見分の節、十匁筒皆中致し一段の事に候。
これによりご褒美として煙硝三百匁、これを下さる。

忠太も同様に、弘化四年、「砲術百匁玉筒致し皆あたり、煙硝七百匁」の褒美を受けている。〈4〉健治の時代より砲は大きくなっていることに気付く。百匁玉筒となると重量もあり、発射した時の反動が大きそうなので、そう簡単に撃てるものではないだろう。

硝煙は確かに貴重品であったが、こんなものを褒美にもらっても実際に砲術の訓練をする機会があったとも思えない。花火の打ち上げに使ったと考える方が現実に近いだろう。戦のない時代での平和利用ということになる。

四　折形と挿花

健治自身がどこまで嗜んだかは不明であるが、少なくとも父・嘉忠治や嫡男・忠太が親しんだ趣味に、折形と挿花（生け花）がある。

折形は、平安貴族の間で始まり、のちに武家社会の礼法として広まったという。嘉忠治には、「寛政十二申年二十三歳にして小笠原流折形免状三輪又左衛門殿より請け取る」との記録がある。その折形免許目録も残されていた（図7－7）。目録を見ると、折形のそれぞれには固有の名前が付けられていることがわかる。『小笠原流切紙秘伝集』と『小笠原流折形口伝扣《ひかえ》』という二冊の綴りもある。『口伝扣』の表紙には、「弘化四丁未年　臘月　小林忠太」と記されている。嘉忠治の孫・忠太が臘月という雅号を用いて嗜んでいたのだ。さらに、折形の作品まで現存しているのには驚いた（図7－8）。

師となった三輪家は先に触れた通り（第4章3節）、当時広田村に居住した在村の武家である。

小笠原流は、武芸から作法に至るあらゆる分野に浸透していたようだ。真田宝物館所蔵の『矢沢家

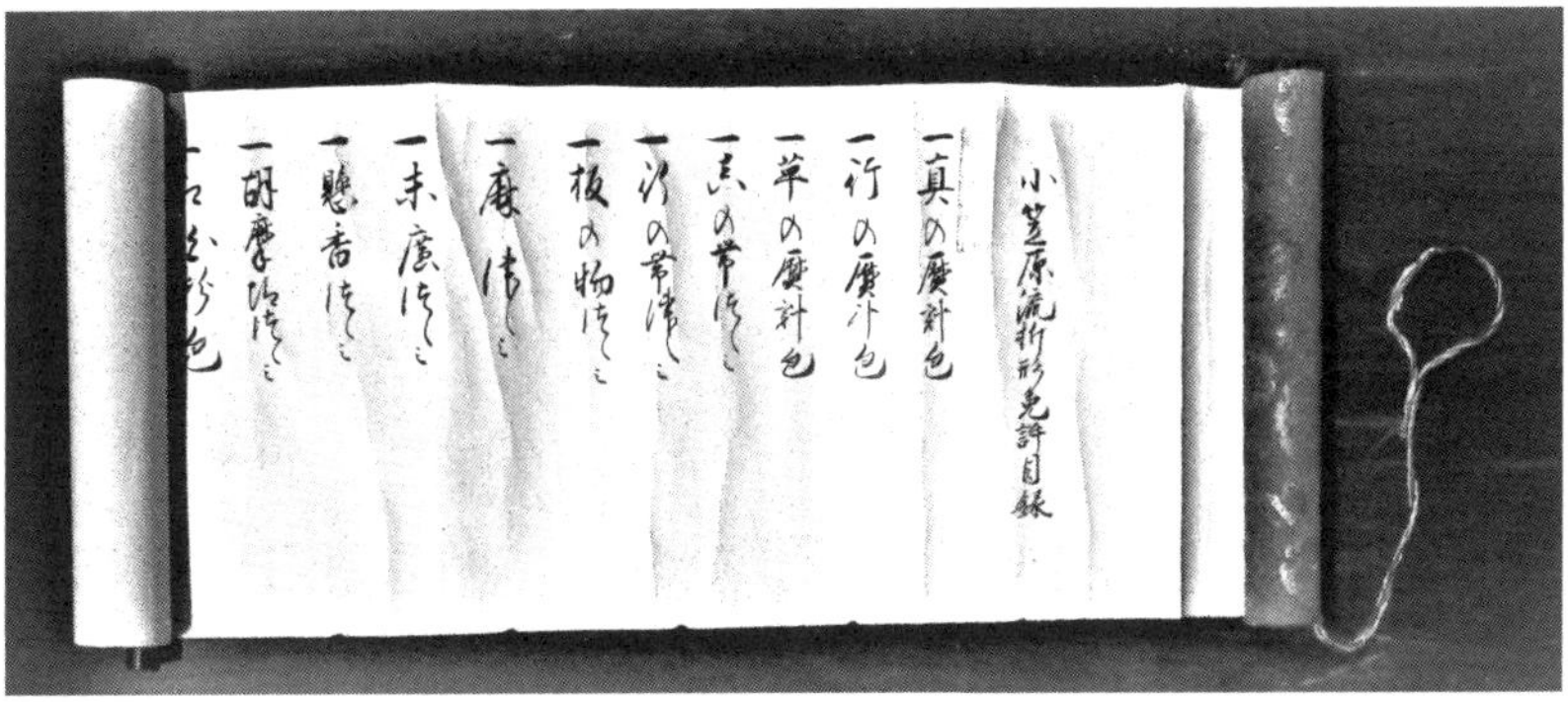

図7-7 嘉忠治が取得した小笠原流折形免許目録

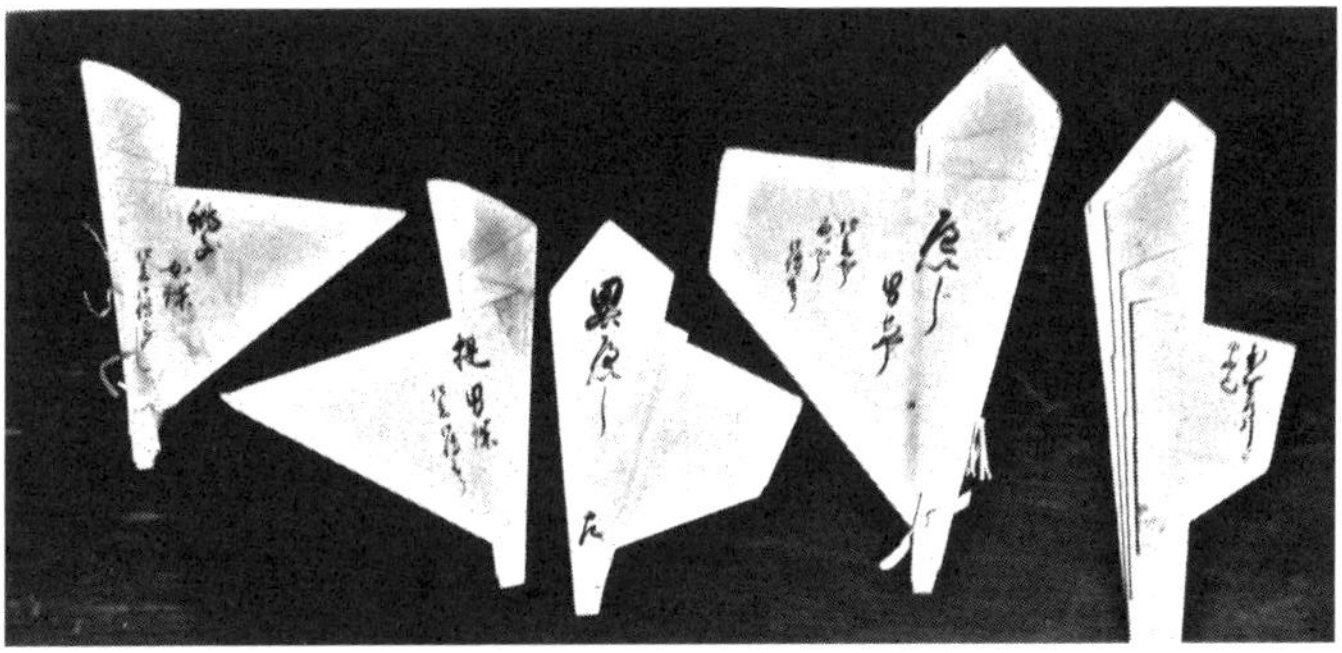

図7-8 嘉忠治（あるいは忠太）がつくった折形作品

文書目録』の中に、いくつも見ることができる。「小笠原流弓術伝書」、「小笠原流弓笠袋之図」、「小笠原流女房衆躾方の次第」、「小笠原流道具行列順序」、「小笠原流嫁娶座敷飾中」など。

忠太は挿花の免状も取得していた。次のような記録がある。〈4〉

天保十四卯年正月九日、十七歳の時、塩野源蔵へ挿花入門仕り候。
同十五辰年、一号免、弘化三午年正月斉号免、傳書残らず。

塩野源蔵は遠州流の挿花の師匠で、寺子屋の師匠もした。稲里、真島地区では殊のほか挿花が盛んだったようだ。長谷部好一『長野市更北地区人物誌』（龍鳳書房）には、挿花の師匠として十四人も名前が上がっている。〔6〕塩野源蔵の門下が多い。〃斉号〃とは華道や茶道において、家元を継ぐほど成就した者が名のれる号である。忠太は華道で塩野流の流派を継ぐことができる腕前だったのだろうか。ただし伝書は残されていないようだ。

余聞の節　七

信州と花火

信州では、江戸時代から神社の奉納煙火が盛んに行われていた。坂本、竹下、小林「長野県北信地方における煙火産業の存立基盤」と題する論文[43]（『地域研究年報』39号、2017年）によると、記録に残っている長野市での最初の打揚げは、文政7年（1824）に行われた安茂里の犀川神社の花火大会だったという。神社の祭礼の時に奉納する煙火は杜煙火と呼ばれる。

その伝統は、西宮神社の御祭礼に合わせて十一月十八日～二十日に開催された煙火大会に引き継がれ、現在は長野えびす講煙火大会として全国に知れ渡っている。

長野えびす講煙火大会公式ホームページを引用しよう。

「権堂村（今の権堂町）の遊女屋が、遊客を誘う一法として煙火大会を催し、これが当たって近隣近在から見物人が押しかけ、大変な賑いであったそうです。当時の記録によれば、「商店、旅館の繁昌は云うばかりでなく料理屋、飲食店は客で充満し、遂にはどこへ行っても芋の煮ころがしひとつ買うことの出来ぬほどの盛況を呈せり」と、賑いのすごさが記されています。」とある。

北信では煙火産業も古くから盛んであった。犀川花火大会の安茂里（現在は長野市安茂里）は特に煙火産業が発展した地域である。大正から昭和にかけて、藤原善九郎と青木儀作という二人の煙火師を生んだ。[43] 藤原は打ち上げ花火に初めて色を付けたとされる。長野県の花火師の中心的指導者としても活躍した。青木は、二重三重の発色が重なって広がる現在の形に近い花火を完成させた。打ち上げ花火は日本が誇る芸術品といって良いが、その発展に指導的役割を果たした両人は、信州の歴史の中で忘れてはならない人物であろう。

前掲『地域研究年報』によれば、犀川神社の杜花火以降、様々な神社で煙火の打揚げが行われるようになった。火薬の取り扱いは氏子の百姓や町民が担うようになり、奉納煙火づくりが村の中で盛んになったという。秘伝書の『花火の法』は、すでに文化六年（１８０９）にあったとも書かれている。この『花火の法』は巳之作が所有した『花火実法』と同じものではないだろうか。

第八章　新用水路掛として

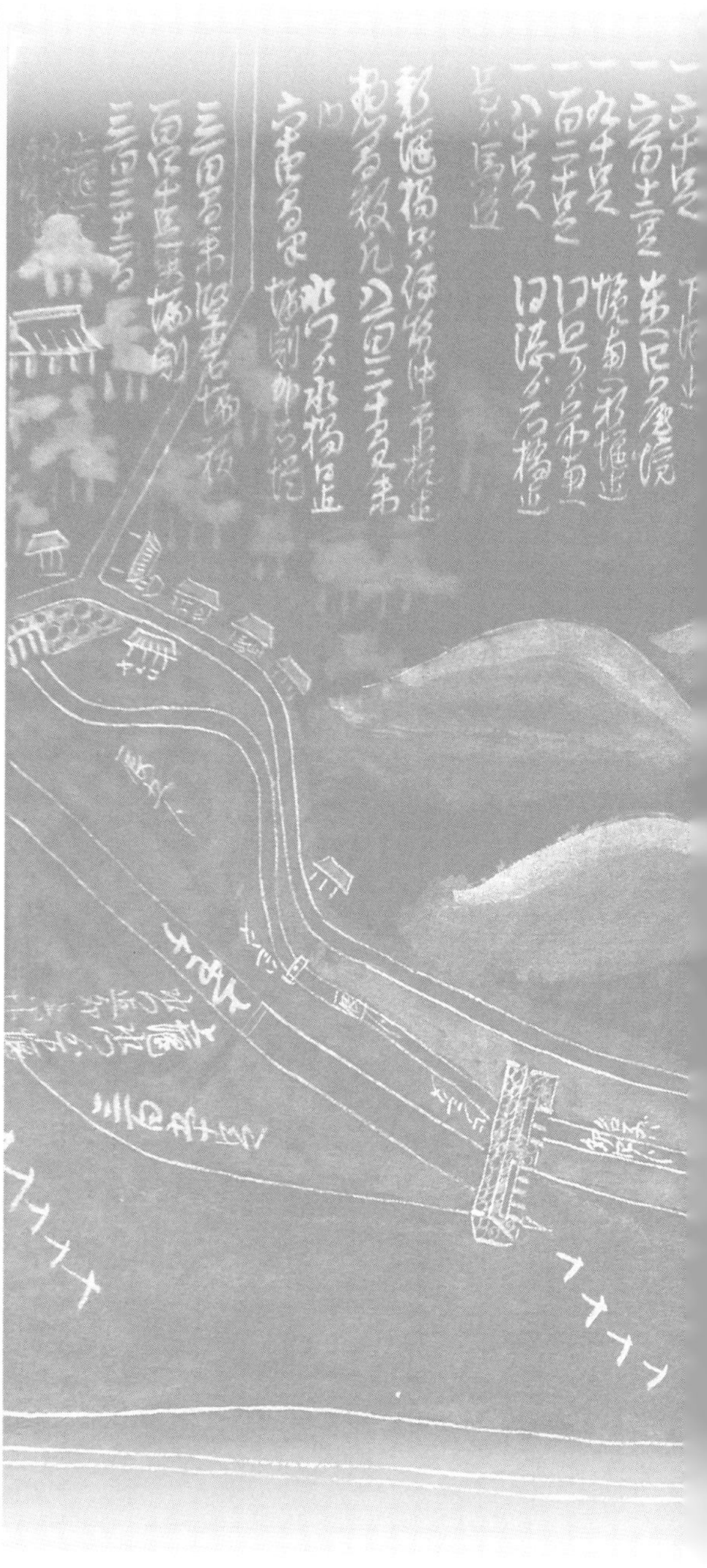

一　新用水路掛への登用

村の暮らしにとって、水の確保は死活問題である。生活用水であるとともに農業用水としても不可欠である。用水は大きな川から引き入れたあと、樹枝状に分岐して幾つもの村を潤して流れ下る。当然、上流の村と下流の村で利害がぶつかり合うこともある。渡辺尚志『百姓たちの水資源戦争』には、江戸時代の農業技術書『耕作噺』を引用して、「名主の第一の務めは、年貢徴収ではなくて、用水の確保・管理である」と書かれている。[12]

用水の取り入れ口は〝堰〟と呼ばれ、川の流れを弱めるための構造物が設けられている。これにより、流量が調節され、水が安定的に村々へ供給されたのである。用水路の日常的な維持・管理、すなわち川底を浚ったり、堰の壊れた個所を補修したり、草を刈ったりという作業は村々で共同して行われた。川中島平の村々は犀川に設けられた犀口三堰、すなわち上堰・中堰・下堰から取水していた。『経勝花能帳　第十四』には、[18]三堰を利用している村々の規模や内訳が「犀口三堰村々御高辻覚」として書かれている。安永五年（1776）、健治の生まれる前、初代・忠八の時代という古いデータである。

これによると、広田村は下堰を取水口にしていた。広田村のほか上布施村、戸部村、杵淵村、上氷鉋村など十九ケ村が下堰を利用し、合計石高は八千五百二十石に及んだ。

「犀口三堰組村々人別」も書かれている。村ごとに普請や維持・管理に差し出す人員である。上堰の村々からは百四十二人、中堰からは百三十七人、下堰からは広田村の十七人を含めて二百七十五人。上・中・下各村の石高で按分されていることがわかる。用水路は各村・堰組合の共有財産であるから、労働力の提供という点だけなら、三堰の間で公平な取り決めといえるのだろう。

犀川の上流は急こう配の山地であり、大雨が降れば一気に水が集まって平坦な扇状地に流れ下るから、川中島平は洪水が起こりやすかった。洪水により用水が受ける被害が大きいことは容易に想像できる。

弘化四年（1847）の大地震に続く虚空蔵山の崩壊による大洪水では、土石流が押し寄せて犀川の河床が低くなり、三堰での揚水が出来なくなるという甚大な被害を受けた。安政三年（1856）四月の洪水がさらに追討ちをかけた。犀川の水門が土砂で埋まってしまったのだ。

上堰を利用する小松原村や中堰を利用する四ツ屋村は、弘化地震から十年以上経っても、洪水による用水堰の埋没や耕地の荒廃からまだ完全には復興できなかった。村からは堰普請や年貢免状の嘆願書が差し出されている。[42]

そのような状況の下で、新たな取水計画が安政五年に始まった。河床が低くなった三堰付近よりもずっと上流から導水せざるを得ない。しかし、三堰よりも上流地域は山裾が川岸に迫り出した断崖である。そのため、山裾に隧道を通して導水することになったのである。

この工事については、滝沢公雄「犀川右岸小松原付近の操穴堰遺構」（『千曲』81号）の中で取り上げられている。[39]それによると、小松原・四ツ屋両村組合による操穴堰の開削工事は安政六年（1859）十二月に始まり、藩も費用の一部を負担して、文久元年（1861）六月に竣工したという。【小松原村と四ツ屋村は**図1-1**の北西方向、犀川の南岸に見ることが出来る。】

『長野市誌』（第三巻歴史編近世二）には、隧道（繰り抜き穴）で導水する計画は安政五年に決まったとある。[51]ここにも、工事は安政六年十二月に始まり、文久元年六月に竣工したと書かれている。[42]また、工事は藩費で当初1500両が見込まれたともある。

これまで述べてきた〝繰り抜き穴工事〟には、健治も関わっていた。

『経勝花能帳第十四』には、[18]「小松原村操抜開発之事」と副題が書かれ、最初のページに

経済出張小松原四ツ屋新用水路操穴掛り
経済出張小松原四ツ屋新用水路開発掛り

の二行が目に入る。目録の最後には、「紙数惣〆百五十八枚　但し、万延二酉年より明治八年亥年迄、十五ケ年ニ成申候」と記されている。健治、五十八歳から死の一年前、七十二歳まで、小松原村四ツ

屋村新用水路掛として関わった文書と記録が収められている。「新用水路〝操穴〟掛り」と「新用水路〝開発〟掛り」の二つに分かれるようだが、二つの掛かりに厳密な違いはないと見てよい。

【史料には「新用水路掛かり」を表すのに、〝掛〟、〝掛り〟、〝懸〟、〝懸り〟などが混在しているが、以後、〝新用水路掛〟で統一する。】

健治は、後に記すように、万延二年二月十三日に新用水路掛を拝命する。万延二年は二月十九日に改元して文久なるから、文久元年六月の竣工四か月ほど前である。すでに安政六年(1859)から始まっていた操穴工事に直接関わった期間は短かった。しかし、完成後の操穴用水路は順調に機能したとは言えず、その後も明治八年まで関わり続けていたのである。

実は、健治は自らが志願して新用水路掛を勤めていた。

完成間近の新用水路操穴工事の現場を、田中力馬・小林庄三郎とともに見分した後、万延二年(1861)二月九日に、百両を献金して新用水路掛への登用を願い出たのである。健治が道橋奉行・柘植嘉兵衛に宛てた文書には、(18)

小松原操穴新用水路御普請現場を拝見したところ、首尾よく出来上がっており、末永く村のためになるものと、恐悦に存じます。つきましては、ここに百両を差し出しますので新用水路開発のためにお使いください。そのうえで、私に御用掛を仰せつけられるようお願い申し上げます。

と書かれている。

「糊入半紙にて認め出す」という書き込みがある。糊入り半紙は米の粉を加えて漉いた白い上質紙である。失礼のないよう、希望が叶うよう、気遣ったに違いない。

柘植嘉兵衛は藩から派遣された現場責任者である。

健治の登用に関しては、御家中でも文書の遣り取りが何度もあった。

たとえば、二月十日付で「広田村居住浪人・小林健治、小松原操穴御用達の内へ差出金などの義につき御内々伺い奉る」で始まる文書が、柘植から家老・小山田壱岐に差し出されている。

これを健治が知り得たのは、柘植嘉兵衛から、「二月十三日にお聞き済みあり」と報告された文書の中に引用され書かれていたためと思われる。

万延二年二月十三日、希望通り新用水路掛を仰せつかる。公事方・山寺源太夫から「広田村住居浪人・小林健治、小松原村新用水懸り相勤め候よう。勤方の儀は柘植嘉兵衛へ相伺い候よう。」との文書が下される。

健治が「浪人」と記されている点に注目したい。健治は安政五年に足軽小頭の身分を譲渡し、直後に小林七郎の跡式相続をして浪人株を取得しているので（第二章三節）、この時期、浪人と名乗っておかしなことはない。浪人は足軽よりも上位の格式とはいえ、松代藩公認の役職・新用水路掛に登用する資格としては十分でないため、御家中で容易には認められず遣り取りがあったと思われる。

小松原四ツ屋新用水路掛を仰せつかった後、既に新用水路掛として任用されていた同僚に〝廻勤《かいきん》〟、すなわち就任の挨拶回りをしている。「同役廻勤覚」には、諏訪部市郎治、松本惣左衛門、佐藤市治、宮入金兵衛、笠井三郎治、文左衛門、田中万作、大狭治郎右衛門など九人の広土方掛の名前が記載されている。

また、石工衆にも酒五升二合入りの樽一つを差し入れている。石工衆には、飛騨、越中、越後や赤柴銅山（松代町豊栄）の金堀職人も加わっていたという。[51] 掘削には専門職人の技術を必要とし、百姓の力仕事だけでは成し遂げられない仕事であったことがわかる。

仕事を始めるに当たって、健治は御合印提灯を用いたいと願い出る。〝合印《あいいん》〟とは、家紋とは別に使用された藩の略章で、おそらく松代藩士が公式に用いる提灯には書かれており、権威を示すものであったのだろう。これが認められ、御合印付弓張提灯が使えるようになる。

健治の例と非常によく似た事例が、山﨑善弘『村役人のお仕事』にも載っている。[18]

姫路藩の大庄屋・藤作は領内で新田開発など大きな貢献をした。それにたいして、「御用の節、御合印提灯御免成される」のである。家中同様の扱いをされたことになる。藤作は、家老をはじめ道方奉行などにお礼に回ったとも書かれている。健治も同様の行動にでたわけだ。廻勤だけでなく、関係する御家中の藩士にお礼の品まで渡している。〈18〉

一　金一分　　　　山寺源太夫様
　　　　他に申込の節　玉子二十
一　鮭一本代二朱　柘植嘉兵衛様
一　当百二枚　　　仲村仲太様

〝等百〟は〝当百銭《とうひゃくせん》〟で、天保六年から発行された長円形銭貨で百文に相当する。天保通宝と呼ばれる貨幣である。

幕末期の健治は、在郷足軽あるいは浪人の立場を超えて、藩士並みの仕事を仰せつかり、御合印付弓張提灯を用いることまで許されたのである。

健治や姫路藩の藤作に限らず、有力農民あるいは在郷足軽が家中同様に扱われた例は全国的にみられる。[11][18]

藩の側からすれば、積極的に領主に奉仕させる形をとることによって、百姓たちが身分制そのものへ批判の矛先を向けることを抑制することができ、さらに、村の有力者を知行所支配の担当者に据えることで百姓たちとの関係を良好に保とうとする意図もあった。[11] それに加えて、百姓の側にも身上がり願望があったに違いない。

上位身分への登用は、藩の財政難を打開するためにも利用された。藩は金銭と引き換えに武士身分を与えたり、禄を与えたりしたのである。まさに、健治の場合にも当てはまる。百両を献金して藩士並みの役職へに就くことができた。身上がり志向はかなり満たされたに違いない。

仙台藩では身分相場が決まっていたという。[16] たとえば、百姓に帯刀御免は五十両、百姓に苗字御免は百両、百姓から郷士格へは五百五十両、などである。金銭を払ってでも、身分・格式や先祖の由緒に箔を付けようとする上層百姓の存在が、さまざまな面で藩政の円滑化に寄与していたと言えるだろう。

二　普請の現場

念願かなって新用水路掛に登用された健治は、どのような仕事をしたのだろう。『経勝花能帳第十四』に綴じられた史料からは〈18〉、入料・出金といった経理関係の勤めが中心であったように見受けられる。やはり、物書的な仕事のようだ。

御会所、つまり現場の事務所には「定」が張り出してあった。新用水路掛の守るべき心得である。これを、健治は「小松原村　御会所　御条目写」として写しとっている。

御会所では関係者以外の出入りを禁止すること、出先では規律正しく行動すること、毎日朝夕の二回操穴へ出向き、作業員の数と堀抜きの進み具合を厳重にチェックして記録すること、などを定めている。

また、この「定」と並んで、以下の道具類の名前が記載されている。

御用箪笥、　刀懸、　規尺《かね》、
雁燈、　水盛台

会所に備え付けの備品だろう。規尺は物差し。雁燈はろうそくを倒さず、まっすぐ立つように置く道具である。

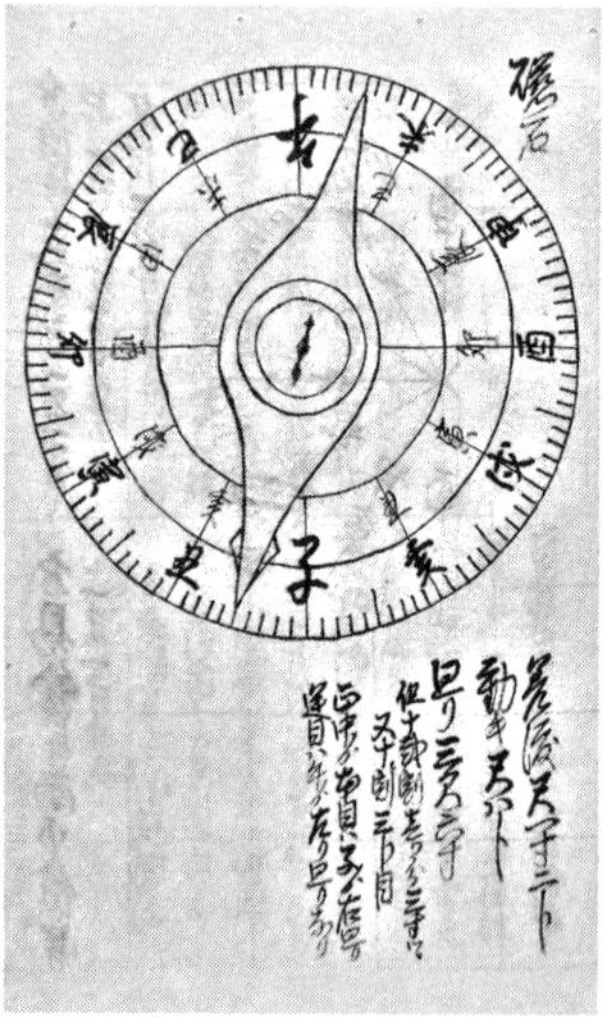

図8-1 方位磁石の図

「差渡尺一寸二分、動キ尺八分、廻り三尺六、但、十二割一分三寸ヅッ、又、十割三分目、正中より本目ハ子より右四方、送目ハ午より左廻りなり」と読める。

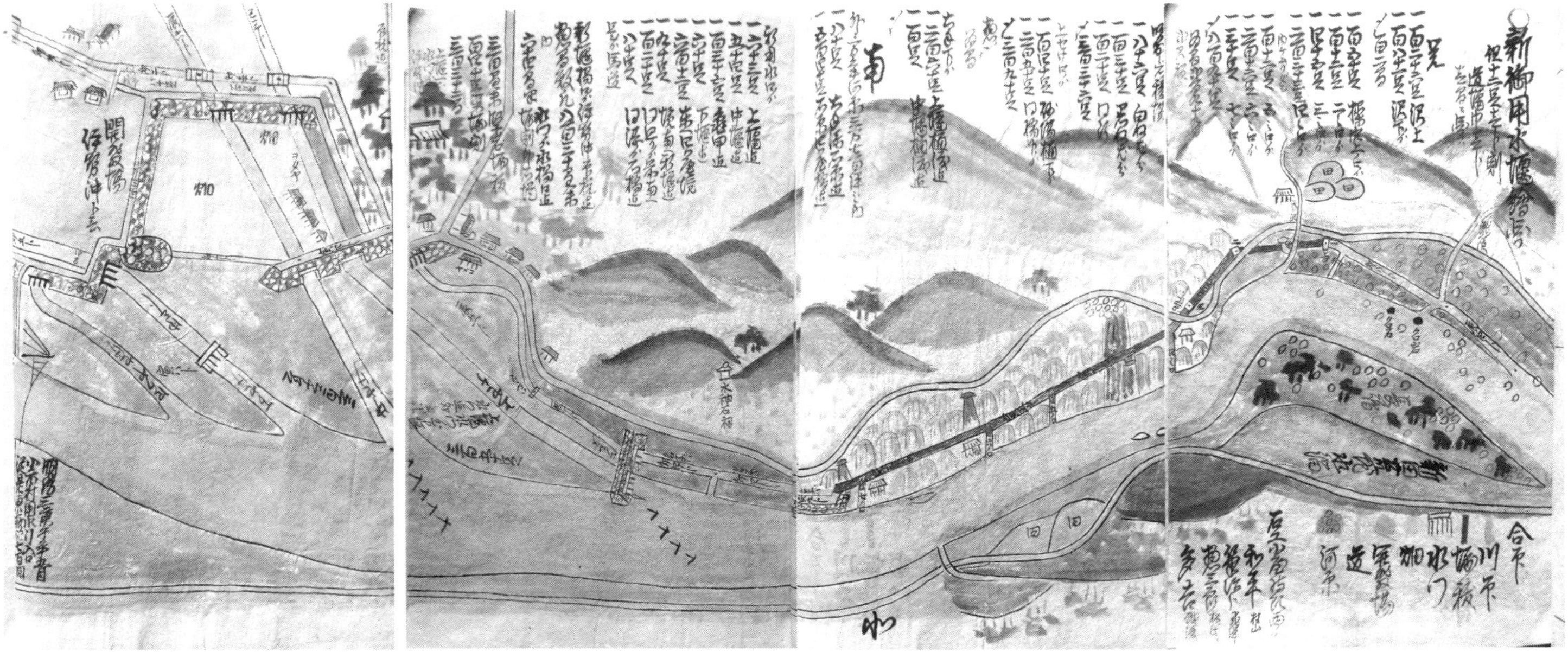

a b c d

図8-2 健治が描いた「新御用水堰絵図」

絵図の下方が北の方角に描かれているので、180度回転させないと正しい方位にならない。つまり、図の左が下流である。a の部分に「下セケ」、「中セケ」、b 部分に「上セケ」書かれた分岐流が認められる。セケはセキのつもりだろう。上流の c と d の部分に書かれた黒く太い線が開発された操抜の穴。

水盛台は土地の高低差を測量するための水準器である。これにより、ゆるい勾配の水路を見つけ、少しずつ水路を伸ばしていくことができる。

また、方位磁石の図が精密に描かれ、丁寧な説明がある（図8―1）。

工事現場の絵図面も盛られている（図8―2）。この原典は、「真田家文書目録（その6）」の中の「小松原・四ツ屋村操穴用水掛開発場絵図面」（119×160㎝）だろうか。これを写し取って描いたものとすると、縦横1ｍを越える原図をＡ4相当の『御鈊禅帳』に綴じられるように縮尺して健治は描いたことになる。

絵図には操穴、水門、開発場などの位置とともに、工事場所の測地データなどが書き込まれている。「三百間余り堅岩堀抜」とも記されている。550ｍ近くも堅岩を掘り抜く工事と知れば、難工事であったことは想像に難くない。

工事の実態や進行状況を読み解くのは道楽仕事ではなかなか難しい。他方、工事の期間中、藩の役人が見分に訪れた際の記録は、具体的に現場の様子が目に浮かぶのでわかりやすい。御家老・小山田壱岐による文久二年（1862）二月十九日の見分について見てみよう。

前日、経路に当たる村宛に「御見分の一行の御通行があるので罷り出でて御案内するように。往復とも。」との知らせが伝わる。

当日、小山田壱岐は、付人、草履取、槍持などのお付きの者を伴って馬に乗ってやって来た。小山田の孫・順治郎様も同道している。

付き添い役の藩の役人は御勘定吟味・柘植嘉兵衛、郡御奉行・斉藤友衛、道橋御奉行・宮島守人、御先払・堀内巳作で、それぞれが付人と草履取を従えている。

御料理人として荒町・伊達新十郎と四ツ屋・堂之助も加わる。健治をふくめ、諏訪部市郎治、松本惣左衛門など用水路掛、それに案内役の村役人も立ち合うことになる。すべて合わせると四十七人と馬二匹の大部隊である。

帰路の六ツ半時分に広田村で食事が振舞われる。着席の場所も前もって指定されている。

上座敷　小山田様　御両人
中座敷　御奉行三人
取次　小奉行付人十二人
茶間　同役十人

などとあり、健治宅が使われた。——口絵図2の間取りが当てはまる。

当日の献立も記されている。

献立

吸物　脊切鯉、篠蕪、粉山椒
口取　大いび（えび？）、伊達巻玉子、日出かむ（かぶ？）、昆布巻、花いも
大平　きじ、白瀧《しらたき》、満月くわゐ、短冊椎茸、揃芹
鉢　福らげ船盛、□すし、しの大こん、末広はす、生が
丼　松笠いか、うれしの巻、ミ志ん（にしん？）

夕

赤飯
平　玉子ふわふわ、□□銭のり
小皿　なら漬瓜、ミそ漬大根、ミそ漬うど
〆
飯米　二斗四升
上酒　老松　六升
…以下省略…

いろいろ食材・料理が並んでいて、読み方に自信がないものもある一方、現在でも馴染み深いものもある。

〝篠蕪〟は京都名物の千枚漬けに用いられる聖護院蕪と思われる。〝しの（篠）大根〟も亀岡盆地の京野菜として知られている。当時の信州で京の食材となれば、上等な料理なのであろう。

〝ふくらげ（ふくらぎ・鰤）〟はブリの幼魚で出世魚。

〝松笠いか〟は、松笠（松ぼっくり）に見えるように飾り切りをした烏賊。

〝たまごふわふわ〟は、東海道袋井宿で朝食のお膳に出された料理として知られている。当時は名のある武士や豪商が食した由緒正しい高級卵料理だったようだ。

酒は〝老松〟が振舞われた。現在の伊丹老松酒蔵の前身が元禄元年に創業され、その時代から続く銘柄「老松」であろう。幕府の官用酒とされ御用酒とよばれた格式高い酒である。

健治は、見分接待のための買い物の入料についても事細かに記録している。驚くほどの綿密さである。

ご祝儀の行事ではなく、いわば公務の出張であるにもかかわらず、御普請家老・小山田様は孫まで同道させ、大部隊を率いてのお出ましである。しかも、豪華な食膳でもてなされている。

見分の記録は、文久二年の小山田様のほか、御勘定役（文久三年）、御家老様（明治二年）、長谷川・河原両大参事（明治四年十月）によっても行われている。見分のたびに、現場で迎える側は万端の準備を求められ、村役人はじめ村人には、過分の労力と出費が強いられたであろう。年貢にかかわる検見の際の饗応も同様である。第三章で見た名主請書では、役人が現地に出向いた際のもてなしは質素にすべきとされていたが、まったく順守されていなかったようだ。

三　普請に関わる入料・出金

江戸の百姓と村について書かれた成書や文献の中で、河川・用水の普請については〝自普請〟と〝御普請〟の言葉が必ずと言ってよいほど登場する。自普請は村が費用を負担し、御普請は幕府・藩が負担する大規模な工事を指す。健治が関わった小松原村・四ッ屋村の普請は道橋奉行の下で実施されていること、藩の役人が見分していることなどから、御普請と考えるのが普通だろう。ところが、必ずしもそうとも言えない。費用の出所は自普請とすべきか、御普請とすべきか、何とも判断し難い。

先に参照した『長野市誌』によれば、[51]「工事は藩費で当初千五百両が見込まれた。…出費がかさみ、松代藩の工事掛かり諏訪部市治郎ほかの役人が費用分担をおこない工事を継続した。」とある。また、『千曲』によれば、[39]「工費は千五百両で、藩費のほかに、小松原・四ツ屋両村組合が金百六十四両一分と銀四百四十五匁一分を負担している」と書かれている。

たしかに、健治の記録には、「安政六未年　小松原村御普請御入料出金覚　二月廿五日より」として、新用水路掛を勤めた十二名の名前と金額が列記されている。入金合計金額は「〆千五十五両」にもおよぶ。富裕な領民を新用水路掛に登用して、彼らから集めた献金をいったん藩に収めて〝入金〟とし、現場での必要に応じて新用水路掛が〝出金〟して使ったということらしい。

これらを藩費というなら、かなりのまやかしである。小松原・四ツ屋両村組合が拠出した分も除けば、総工費千五百両のうち純粋に藩が負担した額は二百両にも満たない。

いずれにせよ、健治も含め新用水路掛が拠出した分が「諏訪部市治郎ほかの役人が費用分担を行い」に相当し、普請費用の大部分を占めていることは確かである。

入金覚には金百両として健治の名前も載っている。まだ正式に新用水路掛なっていない安政六年に、すでに百両を献金していたようだ。その二年後の、登用を願い出た文久元年の百両と合わせると合計二百両を献金したことになる。

この章の1節に見た通り、健治は用水路掛の仕事を「経済出張」と書いている。ここでの〝経済〟とは、商売や稼業を表すというよりは、中国の古典に見る〝経世済民〟本来の意味と解釈すべきだろう。治水工事に「世を経《おさ》め、民の苦しみを済《すく》う」意義を感じたのであろう。高い志をもって経済出張に身を投じたと見ることが出来るが、一方、身上り願望も秘めた動機となったであろう。

実際に費用を分担し新用水路の工事に関わった人物には、健治のほかに次のような人々がいた。

四ツ屋	御徒士	諏訪部市郎治
荒神町	道橋元〆	松本惣左衛門
四ツ屋	小奉行	佐藤市治
東荒町	御納戸	宮入金兵衛
十人町	御大工	田中万作
下中町	足軽	亀や佐兵衛

肩書をみると、下級の藩士か、藩士に準ずる身分の役人のようである。

個々の用水路掛毎に、出金についても記録されている。健治に関しては、先に記した入金〆二百両に対し、文久元年二月に三十両と四十両、同三月に四十五両の出金があって、四月十日までの出金分が合計百十五両であるから、「差引　残金　八十五両」と記されている。
健治は新用水路掛全員の出金・入金を詳細に記録した経理帳簿を道橋方に提出していたようだ。道橋方・柘植嘉兵衛から健治宛てに「口上」と題された短い書状が封書で送られてきている。工事の完了した文久元年の十二月のものと思われる。

口上

新用水路御勘定帳出来につき、先日は忝《かたじけなく》存じ候。能書ニ本御悦《よろこび》申し候。以上

柘植

十二月十五日

小林君

なおなお、開発の義、御精出し御頼み申す。以上

文中の「能書」は、「のうしょ」と読むべきだろう。すなわち、良く書けた書類が二冊あったと解釈しておこう。記録係として健治の真骨頂が発揮されたのだ。

ところで、この文書に「小林君」と書かれているのが気にかかる。この時代なら、御家中藩士から格下の健治へは「殿」、逆に、健治から格上の藩士へは「様」を敬称とするのが普通だろう。これま

で見てきた文書でも、ほとんど例外はなかったように思う。ところが、ここでは、用水開発の現場最高責任者である柘植嘉兵衛が、健治を同格の敬称「君」で呼んでいる。これは健治が浪人の身分であったためであろうと想像される。「君」と「僕」は武士階級の者同士が対等の立場で相手を呼ぶときに用いられるようになった。幕末の混乱期にあって、志士の連帯志向が広めたようだ。柘植嘉兵衛には健治が用水路掛として期待どおりの働きをしたことを認める気持ちもあったろうが、深読みすれば、身上がり願望を見透かした対応だったのかもしれない。

四　操穴普請以降

『御鈊禅実箱写壱番』には、「慶應二寅年十一月、両村荒地開発場六ケ年にして郡方へ引渡し申候」という記録がある。〈4〉新用水路掛として操穴堀削工事にかかわり、その後は小松原村と四ツ屋村へ新用水路を敷いて荒地を耕作可能な土地に開発した。その仕事が慶應二年で区切りがついたということであろう。

小松原村・四ツ屋村新用水路の普請に関しては、真田家文書のなかにも史料が残されている。万延元〜慶應二年「小松原村等操穴用水開発一件」で括られた文書九通である（「真田家文書目録（その六）藩政　普請」8）。先に触れた「小松原・四ツ屋村操穴用水掛開発場絵図面」もこれに含まれる。真田家文書目録では、万延元年（1860）から慶應二年（1866）までを一件で纏めており、健治の言う新用水路〝開発〟掛の期間と一致する。

建治は新たに開発された土地面積と地籍の〝寄《よせ》〟（集計）を記している。小松原村、四ツ屋村の両村を合わせ、三万坪以上の広い面積が開発されたことがわかる。「小松原村・四ツ屋村荒地開発場絵図面」には、開発された場所と面積も書き込まれている（図8−3）。


その後も、操穴堰は苦難の道を歩んだようだ。慶應四年（1868・九月から明治元年）五月八日、犀川は真島村、川合村の河岸百間が決壊して水量二十五尺に達する洪水を起こしている。[53]小松原村三堰の上水に水が入らず、各村では田植えに窮し、飲用水にも苦しんだという。渇水で難渋する中堰の村々から藩に宛てて揚水の普請を歎願している文書がある（「真田家文書目録」（その六）藩政　普請　10）。

明治元年には、犀川出水による犀口土砂埋没で下堰組合から郡奉行所宛に新堰筋の設置を願い出た文書もある（同前）。

　そのような状況下で、明治二年（１８６９）七月、健治はまだ用水開発に関わりたいと柘植嘉兵衛あてに上申書を差し出している。その要旨を記しておこう。

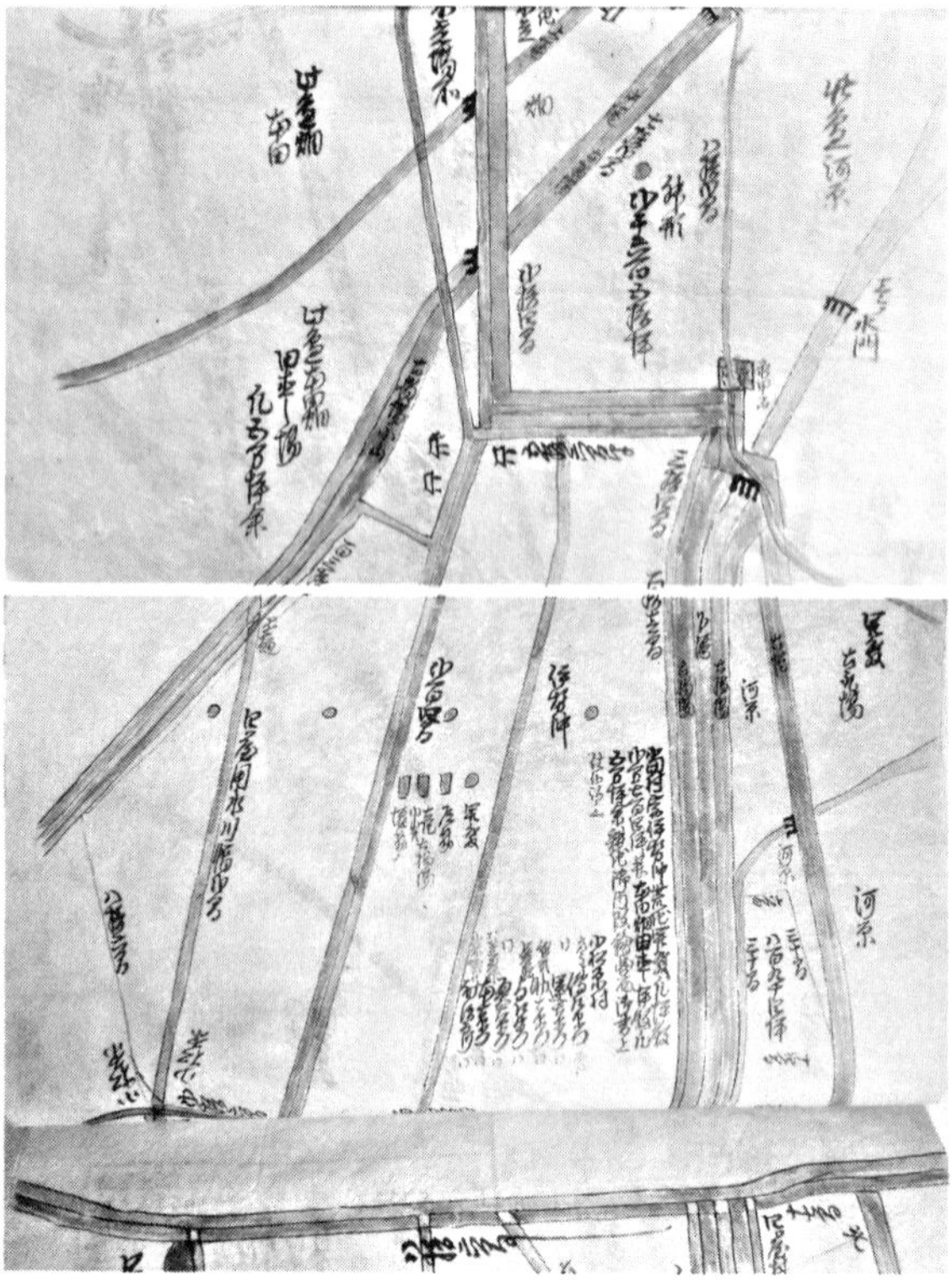

図8-3　健治が描いた小松原村と四ツ屋村荒地開発場絵図面のうち、小松原村の部分。四ツ屋村の部分は、さらに下に二枚で続くが省略する。上下４枚をすべて繋ぎ合わせて全図となる。

慶應四年五月と六月、大雨が降り続いて大洪水が起こったため、犀川流域は不作となり、三堰を利用する村々では田の水はもちろん、生活用水にも差しさわり、数十日間、飲み水も手に入らないこともありました。どの村も思うような収穫ができず、大いに難渋しています。早急に操穴を切り拡げる必要があるにも関わらず、藩のお役人、郡方・道橋方などは現場にお出ましになりません。上堰組合は繰り広げ工事を村々相談の上、自普請で始めています。村方に任せきりで、途方もなく費用が掛かっております。藩の御普請となされ、私も冥加勤で用水掛を続けたいと思っています。なにとぞ、以前のとおり勤めさせていただきたく、お願い申しあげます。

健治は〝冥加勤め〟と言っているが、おそらく、開発冥加金のような用例からして、新しい耕地が開発されて村の利益となることを前提に、予め献金を差し出して仕事を続けることを言っているのであろう。

実際に追加の冥加金を納めたか否かは不明だが、明治八年まで用水路掛を勤めることになる。慶應二年以降は堰管理に藩の直接的な関与はなくなったようだ。この頃の文書は、三堰の組合の間で仕様に関して交渉や要望を遣り取りした文書が主になり、操穴の改修などは自普請になっていたことをうかがわせる。

小松原新用水路掛に含まれる史料の中で、目立つのは御賞関連の文書である。諏訪部市郎治、西沢総悟、松本惣左衛門など、健治も含めて新用水路掛は全員、「御内々歎願奉り候」と御賞を願い出ている。文章はどれもほぼ同じである。「浪人小林健治」の名で差し出された文書は、次のような内容である。

右同様、文久元酉年に御普請懸りを仰せつかって以来、普請費用増加に伴って、別紙の通り、献金も多額に及び、なおまた、現場での作業にも目を配り、時には相談しながら、予定通り完成させることが出来ました。つきましては、この普請に関わったものとして相当の御賞を授けられるよう、御賢慮くださるよう内願いたします。

日付が記されていないが、慶應二年以降と推定される。

文頭の「右同様」とは西沢総悟の文書で、健治とほとんど同じ文章である。また、「別紙の通り」の出金は、すでに述べたように健治の場合「〆二百両」である。

それらの願いが聞き届けられたのだろう、明治二年九月に御賞が次のように下された。

小松原村操穴掛御賞左の通り

一生給人格　諏訪部守之進
永給人格　田中万作
一代給人格　西沢総吾
別段内願　小林健治
一代御目見席　大狭治郎右衛門
右同断　宮入鉄蔵
永小頭　松本惣左衛門
右同断　笠井三郎治

……以下省略……

新たな身分・格式への昇格という形での御賞である。給人格を得ると、扶持米を与えられて藩士同様に召し抱えられる身分となる。御目見席は、藩主にお目見え出来る席ということだから、藩士同様御家中に出入りできるということだろう。裃の着用が許可されたり、帯刀が許されたり、百姓身分から武士の振る舞いが許された者もいる。村の外で苗字を名乗れるというのもある。

唯一、健治には「別段内願」と書かれている。健治にも給人格へ身上がりの目論見があったはずであるが、何を内願したのか、そして、結果がどうなったのかはわからない。

だが、そもそも明治二（1869）年九月における御賞に、給人格とか御目見席といった処遇は、すでに意味がなくなっていたのではないだろうか。同年六月には藩籍奉許の勅許が下され、旧藩士は士族、足軽などは卒族と称されていたはずである。それが理由なのか否かはわからないが、改めて明治七年一月に、以下の御賞目録を含む文書が届く[4]。

一　小袖　一
一　紬羽織　一
一　具足　一領
一　槍　一筋

この時は、柘植、西沢、宮入、松本など他の用水路掛にも物品が御賞として下されているので、身上がりの御賞とは別ものである。

四月になって、「御品代わり」として、また別の品目があがっている。

一　御掛物　一幅　但し田安公御璽印
一　両掛御弁当　一荷
一　御烟草《たばこ》盆　一
一　指物　一

お品代わりの品は、真田家の調度品から払い下げられたように勘ぐってしまう。具足や槍よりはましかもしれないが貰ってもそんなに嬉しいとも思われない。

両掛御弁当からは弁当箱を想像したくなるが、まったく異なるものである。〝荷《か》〟という数え方であることから、肩に担ぐものであることが判る。担ぎ棒の両端に飲食物を入れる箱型の篭が取り付けられ…つまり両掛けで…肩に担いで一人で運搬する用具である。参勤交代など殿様が外出するさいに用いられた。

お品代わりの品物は四月五日に新御殿で拝受した。一同に振舞の酒と夕飯が下されたとのメモ書きがある。この時、赤沢閑渓、長谷川昭道、草間一路など九か所を廻勤している。受賞の祝いに、健治の一族—小林亀助、繁治、仙之助など—からも祝儀が届いている。

余聞の節　八

規矩術

小林家には多くの古書が残されていて、幾つかの例を第1章2節で記したが、そこでは触れなかった「規矩術《きくじゅつ》」あるいは「規矩法」と名付けられた本について紹介しよう。

正確にいうと、『規矩法図解目録』、『規矩術鈔別伝図解抄・四』、『別伝図解』、『規矩元法目録』、『規矩術鈔奥之抜・下・国図要法・六』、『規矩元法秘訣口義』、『規矩鈔奥之抄・上・秘術・五上』の七冊である（図8―4）。中身を読み取ったわけではないが、測量術に関する技術書であることはわかる。

規矩術は本来、木造建築にあたって精緻な寸法を刻む大工の技法であるが、ここでは測量術を指している。これらの本を著したのは、興津正辰《おきつまさとき》という人物である。『松代歴史散策』[2]には、

興津正辰は、国学、心理学者としても有名で匡直舎《きょうちょくしゃ》と名乗りました。彼は和歌を荷田春満に習い賀茂真淵とも肩を並べたと言います。養子の息子方副《まさすけ》とと

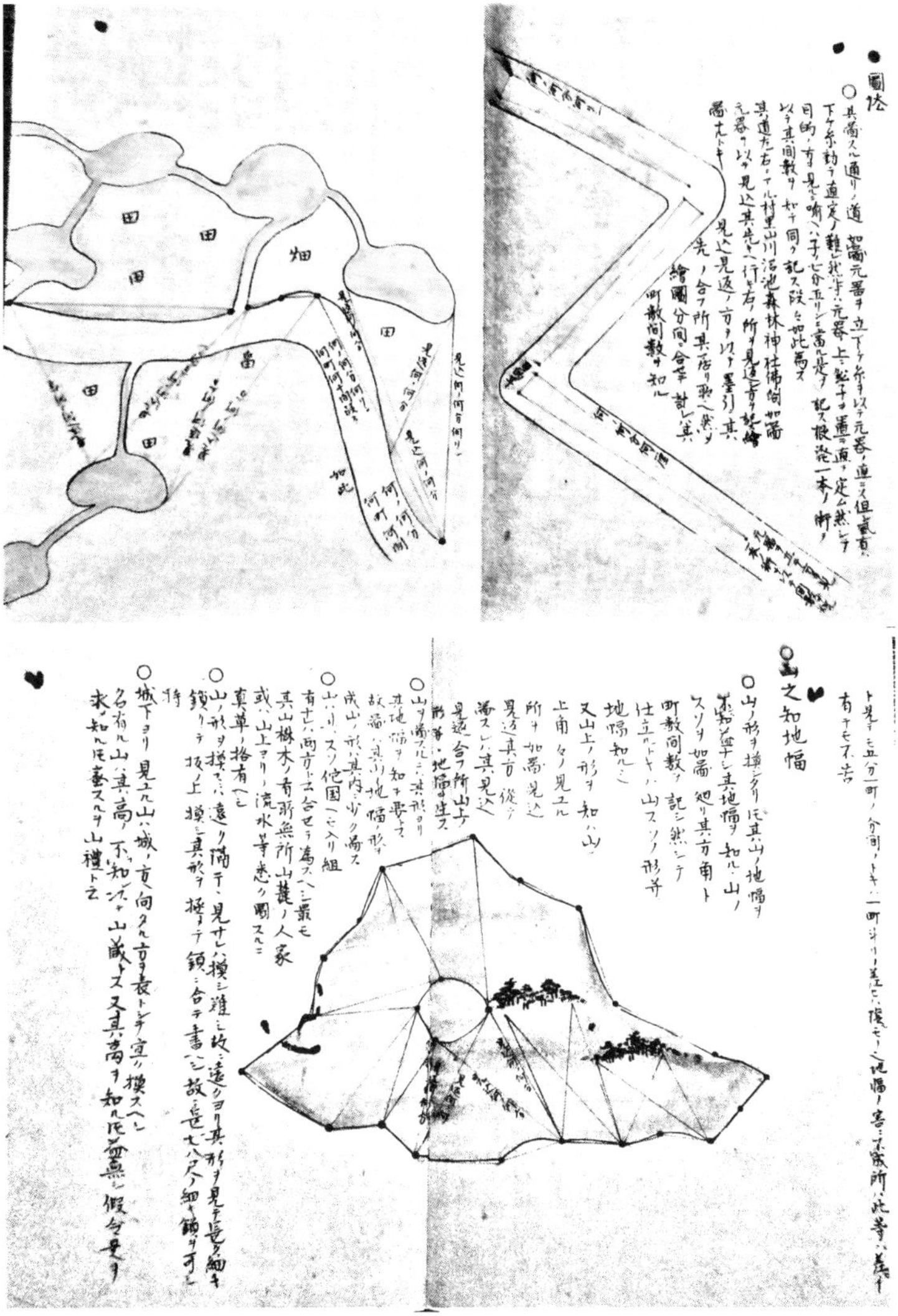

図8-4『規矩元法秘訣口義』の一部

もに、松代藩の規矩術の祖とも言われ、東条の池田宮に墓碑があります。

と書かれている。規矩術の祖であるとともに、歌人としても知られていた。

興津正辰と規矩術の関係については、『国立科学博物館研究報告 E類』（2011年11月号）の鈴木一義、田辺儀一「清水太右衛門貞徳の直弟子時代の清水流測量術について」という論文に詳しい。[45] それによると「規矩法」は、江戸時代中期、清水太右衛門貞徳が発展させた清水流測量術が基になる。松代藩士・興津正辰は江戸普請奉行として江戸滞在中に免許を受け、何冊かの「規矩法」の技術書としてまとめた。享保年間の江戸藩邸の火災により一部が焼失したが、興津正辰の養子・興津方副が中心となってなって再生作業をしたという。松代に戻って清水流「規矩法」は実際に利用され、松代藩で連綿として受けつがれていたのである。

名主とはいえ百姓の家に、なぜこんな測量術の本があったのか意外だが、おそらく、健治が小松原村四ツ屋村新用水路掛として開発工事に関与したことと関係しているのだろう。興津正辰と方副により規矩法が松代に持ち込まれたのは、1740年代（元文か寛保の頃）であるから、健治が用水掛を始めた文久元年（1861）には手に入れることが出来たはずだ。実用書として利用され続けてきたとはいえ、広く出回って誰でも読めるという資料ではなかったであろう。健治はこれらの本を読むだけで規矩術を修得できたとは思えないが……。

第九章　商法方として

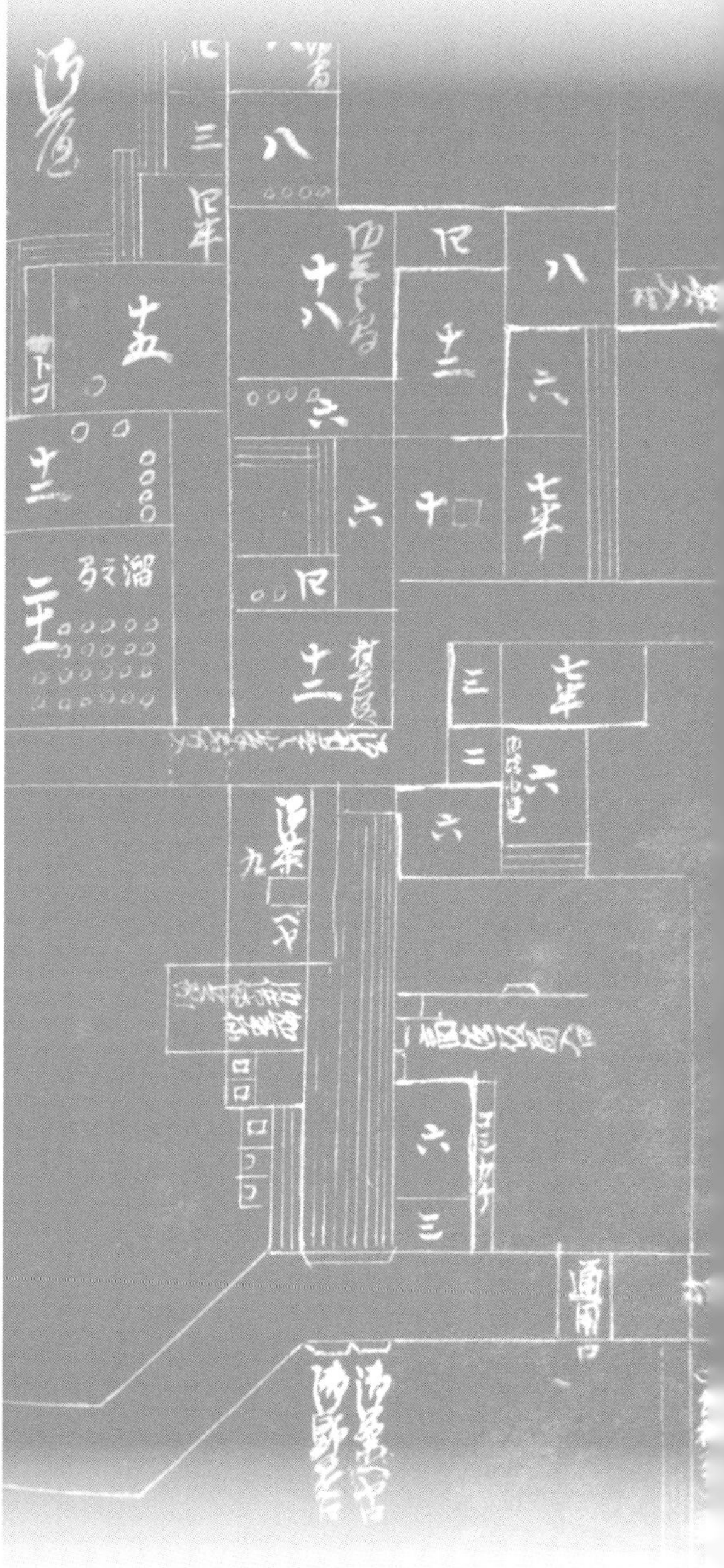

一 商法局

『経勝花能帳第十五』と題された文書には、表紙に「商法方幷松代騒動」と副題が書かれている〈19〉。これには、「明治三午年、商法方相勤むべくこと、閏十月十五日」の辞令から始まり、「明治五申年二月一日　商法方相勤め及ばざること」に至るまで、健治が商法方に関った期間、すなわち六十七歳から六十九歳まで（1870−1872年）の文書・日記が綴じられている。明治三年、健治はまだ小松原四ツ屋新用水路掛であったが、慶應二年（1866）以降であるから、荒地開発も一段落していた頃である。

幕末から明治にかけて松代藩では、洪水など自然災害による凶作が続いたうえ、戊辰戦争（1868−69年）への出兵が重なり、藩の財政は危機的な状況にあった。藩債は百十万両にも及んだという[3][47]。この財政難を乗り切るため、明治二年（1869）、藩は商法社を設立して豪商・大谷幸蔵を頭取に据え、生糸や蚕種の輸出により利益を得ようとした。

国文学研究資料館所蔵の「八田家文書目録（その二）」の解題には、「商法社は計政局（会計・借入担当）管轄の下、領内商人の資本力を結集するために明治二年に設立された。取締役には横浜交易で活躍していた羽尾村・大谷幸蔵が任命された。取締役の下に、商法掌九名、商法方二十二名、商法方補二十五名がいて、商法社の運営に当たった。」とある。

しかし、明治三年になると蚕種の輸出価格が暴落し、莫大な赤字に陥ってしまった。商法社は独自の手形を発行して生糸・蚕種を農民から買い占めていたので、商法社手形を手にした農民にとっては、その貨幣価値の下落は大打撃となった。

明治二年十二月、新政府は藩札や商方社手形の発行を禁止し、正貨の太政官札と引き換えるように布告していた。藩札や商法社手形は二割五分引きで官札と引き換えるよう命じられた。松代藩では、藩札と商法社札のほか十万両ほどの贋金も出回っていて、[3]官札への切り替えは容易には進まなかった。

新政府の布告は年貢の換金相場にも及び、これまで十両につき籾七俵という相場を、籾四俵半とするよう定められた。貢租（石代金）を藩札で上納することになっていた百姓にとっては著しく不利な相場で、やがて松代騒動と呼ばれる農民一揆へと発展するのである。

このような状況下で、松代藩は新たに富裕な百姓・商人を商法掌および商法方という役職に登用して財政改革を目論んだのである。

「商法方幷松代騒動」の記録から、松代騒動が始まる前の御家中の動きを見ることができる。まずは、「明治三年閏十月十五日に仰せつけられ候」という記録から、商法掌と商法方のメンバーを見ておこう。松代騒動（明治三年十一月末）のほぼ一か月前であり、商法社の下に明治二年から存在する商法掌・商法方とは異なる組織と見るべきだろう。

商法掌として、鼠・山崎彦之進、原・伊藤森太郎、小市・塚田源吾ほか、合計八名、商法方として、広田・小林健治のほか下氷鉋・野池善左衛門、青木島・神林三右衛門、吉田・長田孝兵衛ほか、合計二十二名の名前が列挙されている。善光寺・柳田や　酒井忠兵衛、同・松田屋　松田文治郎、木町・丁子や宮沢彦兵衛、紺屋町・紙や　熊井忠兵衛などの商家も含まれている。

新たな組織には、藩の重役も名を連ねた。大参事・真田桜山はじめ、権大参事・大熊菫など五名、小参事・金井簾水、権小参事・草間一路など六名、合計十三人の名前がある。〈17〉見慣れない役職がいろいろ出てくるが、これらは前年・明治二年の版籍奉還に伴って設けられた新たな役職である。従来の藩主の職名は知藩事となった。藩名を冠して呼ぶときは松代藩知事のようになる。

健治は、これらの人々に商法方就任の挨拶、すなわち〝廻勤《かいきん》〟をしてまわった。その記録も残されている。

メンバーのうち、鎌原溶水や岸善八、郡政や計政の役人など、幾人かの名前の頭には小さな文字で「二十日被免」と書き添えられている。あとで触れるように、大谷幸蔵に与する人物として排除されたのである。就任からたった五日後のことである。

健治が書いた記録・文書では、新たな組織にたいして〝商法局〟という言葉を用いている。ところが、可能な範囲で調べた限り、松代藩の史料や文献に商法局という部署名は現れない。

商法局は既存の商法社から大谷幸蔵を除外して新たに再出発した組織であり、先にも触れた通り、大谷を取締役とする商法社とは明らかに別物である。ただ、商法局は僅か一年三か月の短命であったため見過ごされ、あるいは混同されてきたのではないだろうか。

商法局は交易の実務を担当していたわけでない。財政再建への提言、あるいは、それ以上の役割―つまり資金援助―を期待されていたのだ。在郷足軽とはいえ―実は、明治三年の身分は浪人であるが（第10章2節）―、健治のような本来百姓である者が藩士と変わらぬ役をあてがわれたのは、それなりの訳がある。

勤務先である商法局は、城内の花の丸御殿の中にあった。健治は「大書院の図」として花の丸御殿内の部屋割図を書いている（図9―1）。

花の丸御殿は嘉永六年（1853）の大火でほぼ全焼した後に再建されているので、万延元年（1860）に完成した建物の図面ということになるのだろうか。

小幡伍『松代歴史散策』の中の、[2]「花の丸御殿部屋割図」を参照してみると、健治の描いた間取りはたいへん正確に表わされていることがわかる。

図9―1aが藩主の居宅部分「奥」で、**図9―1b**が政務を行う「表」に対応する。「奥」の廊下部分に「商法仮局入口」の文字が見える。廊下を挟んだ向かいには「知事様御供休息所」と「御茶べヤ（部屋）」も見える。**図9―1b**で御玄関（右辺に式台がある）を上がると、二十四枚の大広間が二つある。こ

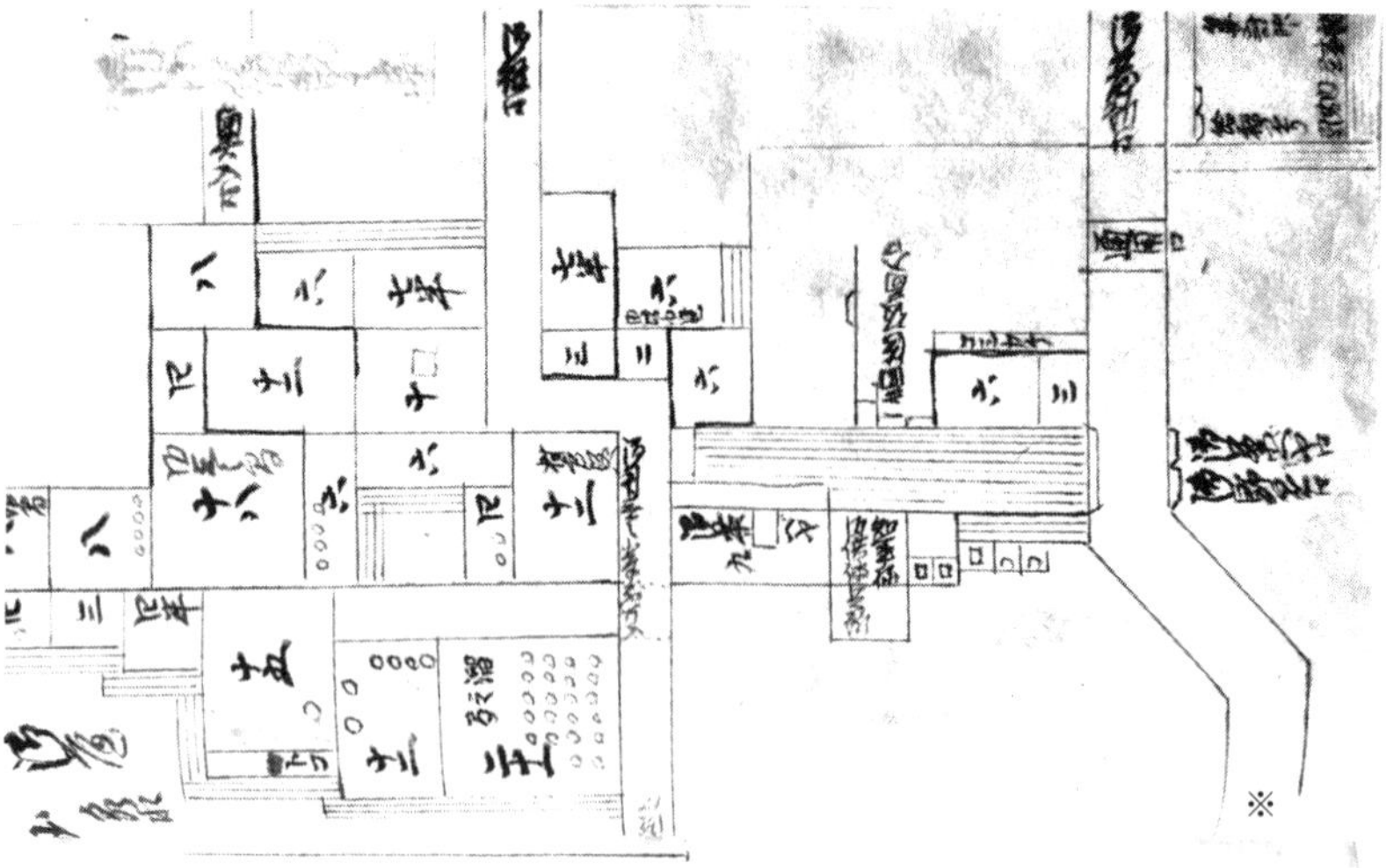

図9-1a

図9-1b

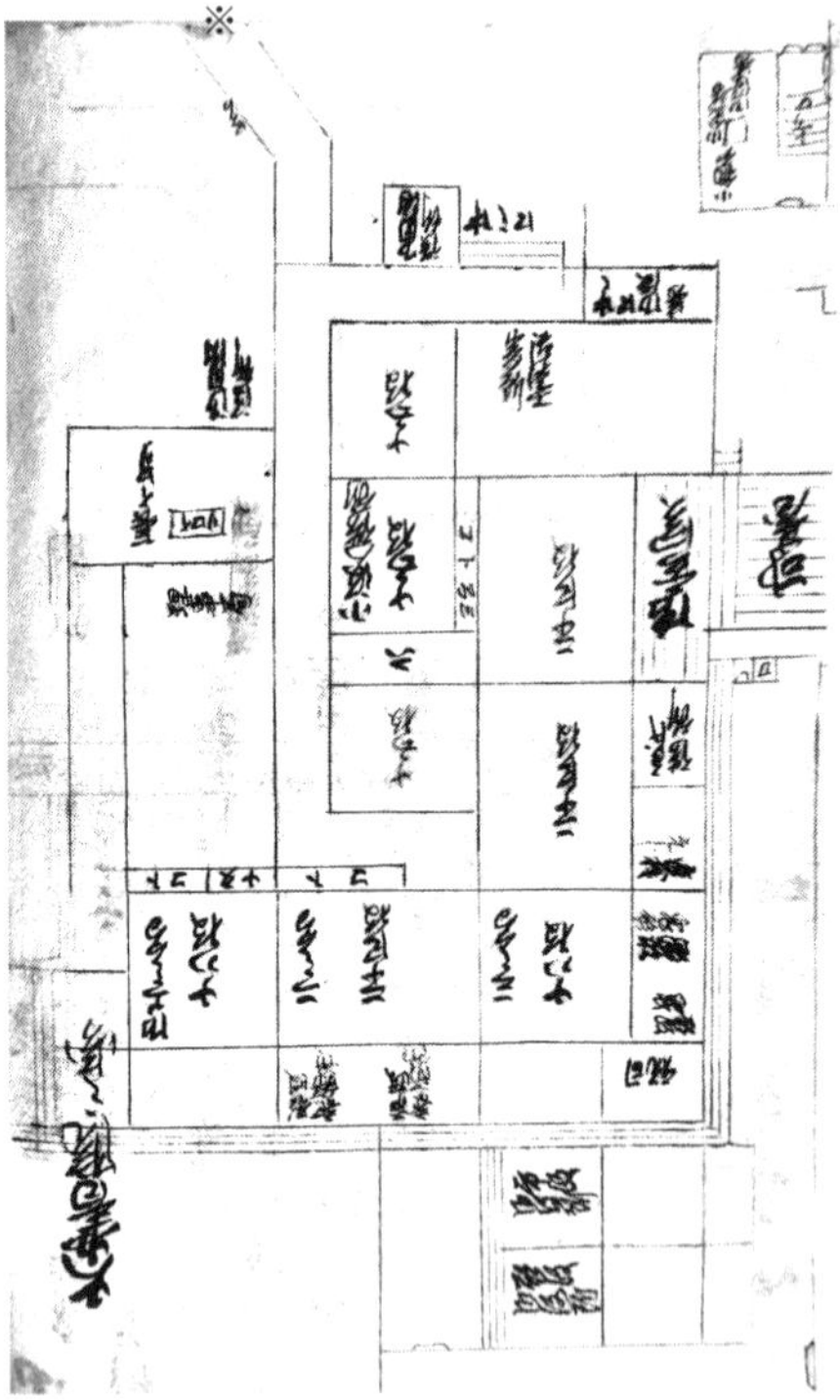

図9-1　健治が描いた「大書院の図」。花の丸御殿の部屋割りを表す。原図は方位が正しくないので、それぞれ回転させて揃えた。図9-1aと図9-1bは※の部分でつながる。図9-1aが藩主の居宅部分「奥」で、図9-1bが政務を行う「表」。図9-1aの廊下の中央付近に「商法仮局入口」がある。

れに接して、「御徒番所」と「小役人詰所」が確認できる。大広間の南に三の間（十八枚）、それに続いて二の間（二十四枚）、一の間（十八枚）がある。

これほど詳しく御殿内の様子をよくも頭に入れたものと感心する。当時のことだから、メモをするなら墨と筆を持ち歩かなければならないが、そこまでするわけはないだろうし…。あるいはどこかで大書院の図の原典を手に入れたのだろうか。

二　辞令拝受

商法方を務めるにあたって、明治三年閏十月、まず「明後十五日、四ツ時、麻裃着用、村役人の内一人差し添え、当御役所へ罷り出ずべし」という辞令授与式への案内状が届く。

宛名は広田村・小林健治と役人、そして下布施村・山崎寛左衛門と役人宛てである。

山崎勘左衛門は隣の下布施村から商法方に任命された人物である。同じ書状で一まとめにされたようだ。村役人を一人同道せよといっている。麻の裃着用とは、武士の正装で臨むよう求められたのだ。生涯の一大事である。

以下に初登庁の日の日記より、一部を抜粋しよう。百姓の身分で、御殿に上がって藩主および藩の重臣たちと同席し、挨拶を受けるのは異例と言える。並み居る藩士の中での初めての経験に昂った気持ちが伝わってくる。御家中での見聞を漏らさず書かずにはおれなかったのだろう。事細かに記録している。

○　十五日　四ツ時、山崎寛左衛門、村役人とともに裃を着用して役所へ参上したところ、下級役人に案内され小役人詰所に通され、ここに控える。七つ時分、昼の賄が供される。汁、豆ふ、小皿、なす漬である。その後、野中喜左衛門様の案内で大書院・中の間へ出る。三奉行四人が並んでいる前へ、四人ずつ呼び出され、めいめい辞令の書付が読み上げられて、草間様から手渡された。これが終わると、野中様の案内で小書院へ入る。

一同平伏して待つと、御殿様、真田様、大熊様が入場され着席される。

先ず、大参事様から、「この度、眉を焼く（切迫した）事態に至り、商法方を勤めるように」、また、知事様よりは「何れも人力を尽くすように」とお言葉をいただく。列席の奉行席からもいろいろ申し含みをされる。

暮六ツ時、また野中様の御案内で三の間へ出たところ、御奉行が「この度はめでたいこと。知事様、大参事様よりも述べられたとおり、商法方の規則を替えたので、何分宜しく頼みます」との口上を述べられ引きとられた。後を受けて、御掛り水野・坂本・富岡・青柳・竹花などの藩士が列座して、「これからは、我等も皆様方も同様につき、一同で身を入れてがんばりましょう」などと言って、商社札取り立ての見込書などを差し出された。

「三万両の商法社札引き替えができなければ、知事様も御心配なされ…」とおっしゃるが、余りに大金のゆえ、いかんとも申し上げることができない。いずれ、明日に相談しようと日延になり、それからはお酒が下される。大皿三ツ、数の子に人参のひらひら、御吸物、まごろ(〝まぐろ〟のことだろう)にねぎ入味噌汁、の夕食賄をうける。八ツ時分に帰る。

時の松代藩知事は真田幸民である。知事様にお目見えし、藩士と同列と言われ、目出度いとも言われ、お祝いの饗応まで受けている。考えられないほどの厚遇であるが、多額の援助金を期待する藩にとっては、大切なお客様ということなのだろう。

明治二年から存在した商法方の規則を変えたということらしい。三万両という金額とも関係しているようだ。この数字は後にも現れる。

十五日の辞令から十九日までは、これといった活動は見られず、二十日になって、やっと本来の仕事らしい記述が現れる。前日、鈴木録三郎なる人物が原案を考え、それを知事様に上申できるような形に仕上げたようだ。鈴木録三郎の名は商法掌にも商法方にも現れない。

〇二十日　昼、亀屋で寄り合をし上表建白を書いた。夜五ツ時、封書にして上へ差し上げた。夕方に賄あり。亀やにて酒肴、鉢、大平。夜八ツ過ぎに帰宅。

鎌原、岸、丸山とも役職を解かれたという。大谷幸蔵方への御手入れも始まった。

手入れとは、大谷幸蔵の商法社が捜索されたようだ。鎌原、岸、丸山は大谷の商法者に深く関与していたと推察できる。丸山は十五日に計政衆務に任命された丸山龍蔵である。大谷との関係を断って新たなメンバーを選び、商法局として一新したことが、これで確かになる。

上表《じょうひょう》とは、君主に奉る文書を意味する。この内容は、次の第9章3節でみることとする。

その後は、商法社手形の回収のためであろうか、商法方の何人かが横浜に向かったこと、健治と山崎勘左衛門が今里村に出向いたことなどが記されている。今里村は上田藩領の川中島飛び地領であった。松代藩の藩札も流通していたのである。これを官札に交換するよう上田藩に求められて対応に赴いたと思われる。

三　商法方の勤め

商法方としての本格的な仕事は、「以口上書見込奉建言候」とする文書の作成により始まったとみてよい。この文書には「上表　商法方」と、大きな標題がつけられている。明治三年十月二十日の日記にある通り、商法方が亀屋に集まって財政健全化への建言として仕上げ、それを知藩事・真田幸民へ差し上げたのである。

この建言書は「口上書を以て見込建言たてまつり候」で始まり、七か条からなる。

最後にまとめの文があり、健治を含む商法方十二名の署名のうえ「申し上げ」とある。

主な条項を次に示す。

【1】藩に忠義で正義の人材を役人に取りたて、「姑息収斂《こそくしゅうれん》の士」は排除すべきこと、【2】藩の財政収支を厳密に見直すこと、【3】他藩県支配所よりの引替願高三万両分を迅速に調達・実施すること（今里村もその一つであったことになる）、【4】商社からの取立については、掛りの

人選に留意し、尽忠正儀でかつ格録のふさわしい人物をあてること、【5】大谷幸蔵へ渡した金を調べ、〝身代限り〟でとりたてること、

「姑息収斂の士」の姑息は「その場だけを取り繕う人」を意味するが、「収斂」の解釈は難しい。要するに、「今だけ、金だけ、自分だけ」の人物を排除せよと言いたいのだろう。〝身代限《しんだいかぎり》〟とは、債務の弁済を強制執行することである。商法社頭取・大谷幸蔵に対し厳しい姿勢を見せている。

十月二十六日、商法方詰合から至急参集せよと通知がある。さっそく官札での才覚金が要請されるようだ。健治には、小参事の草間一路と岡野敬一郎から既に才覚金の話は伝えられていた。実際に、二十七日に商法局に集まった商法方は四人だけ。官札で支援する役目に大方は乗り気でなかったのだろう。その後の日記からは、商法方だけでなく御家中の上級藩士にも緊張感が感じられない。

十一月二十三日になって事態は動き出す。健治あてに、草間一路、岡野敬一郎から「至急の御用があるので藩庁へ直ぐに来るように」と呼び出しがかかった。東寺尾村、杵淵村、広田村の村々三役人あてにも、村継《むらつぎ》で至急の連絡が伝わる。状況が切迫してきた様子が伺われる。松代騒動が起こる二日前である。

十一月二十四日　商法局へ出たところ、健治をふくめ六人しか来ていない。
　無人で御評議もできず、明日に延ばすことにして、町宿亀屋へ戻って泊まった。

松代騒動の前日。切迫の事態にも関わらず、重要な会議への出席者は少ない。豪農・豪商が襲われることを予知して、公務どころではなかったのかもしれない。

十一月二十五日、七人が亀屋に集まって「見込書」の下書きを認め、夕方、商法局へ差し出す。この日は、商法掌のメンバーの集まりも悪かった。

「見込書」も上表の扱いである。明治三年十一月二十五日の日付で、四項目からなり、贋金と商社手形を失効させる方策を提言している。

贋金百両と官札三十両との交換率は、天朝（朝廷＝新政府）から要請された方針であり、「これを踏襲なさるべく」といっている。贋金か否か鑑定のため横浜へ出張した役人の不手際を罰するようにという提言もある。商社手形については、新たに公認する手形だけに絞って通用させるようにと提言している。この見込書が上申された夜、まさに松代騒動が勃発するのである。

次に示す記録は松代騒動の前後に建治が書き留めたものである。藩札と商社札の償却の内訳を書いている。

総〆高三十八万両也

内

八万五千両　これまで切捨に相なり分

五万五千両　相場引替の分

三万両　焼失の分

六万両　知事様御引き受け

十五万両　御藩引き受け

〆

ただし、五分一官札又は更にても宜しき趣に相なり候

御藩中下され俵数　五万七千俵余

健治の私的なメモであるが、商法方も含めて御家中では周知の内容だったように思われる。これと同じ金額と内訳を書いた文書が引用されている文献があったことからもそれが推定される。羽田神山「藩札と商社手形鎖却――松代騒動の結果を語る」（『信濃第一次』第五巻185：復刻）を見ると、「総〆高三十八万両也」から最後の行の「五万七千俵余」まで、完全に一致している。[35]

藩札・商社札・贋金「総〆高三十八万両」のすべてを回収して明治政府発行の太政官札と引き換える必要があり、その内訳を記していることになる。

「御藩引き受け」の十五万両分は藩士が負担する分で、個々に割り当てられたようだ。

前記・羽田神山の記事には藩士たちが割り当て金の工面に苦労したエピソードが書かれている。[35]

藩士の割当金才覚には非常に苦心して、中には夜分に出入りの道具屋を呼び寄せ金策を頼みしも、売り手も買い手も何が何やら相庭《そうば》をしらぬので、道具屋は滅法なる安値を唱え愈《いよいよ》品物を引取たる後、東京の商人に引き合いて始めて意外の利を占めしもありしとか、某道具屋の話を聞きたることあり。

相庭（＝相場あるいは価値）を知らぬ、いわゆる士族の商法だったのだ。

「焼失の分」として三万両が上がっているが、この金額は十五日に申し渡された「三万両の商法社札引き替えができなければ」（第9章2節）、および、見込建言書にある「他藩県支配所よりの引替願高三万両分」の金額と一致する。したがって、「焼失」とは他藩で帳消しにされる藩札の金額を指しているものと推定される。この一部の負担が健治には求められたのであろう。健治が上田藩の飛び地である戸部村に多くの土地を所有していたことが関係していると思われる。

四　松代騒動と小林家

『経勝花能帳第十五』には、松代騒動の一部始終が書かれている。〈19〉健治は商法方としての履歴の中での出来事と捉えていたことになる。郷土史家・丸田修治氏の眼に触れ、翻刻されたものが『市誌研究ながの』第１４号に既に発表されている。〔40〕

原典には、丸田氏が翻刻されていない部分もある。主に、親類・奉公人などが関わる小林家内の状況を記した内容が略されている。健治の生涯を描くなら、こちらは無視できない。健治の身の回りで起こった出来事を日記から簡単にまとめておこう。

まず、松代騒動の始まった明治三年十一月二十五日の夜、騒動の山場とも言える場面を見てみよう。

〇二十五日夜　知事様も馬で市中を見廻りされたが、蚊虻《ぶんぼう》の如く何千人と農民が集まってきたので、しかたなく大英寺へお入りになって、何にても願い事を申せとおっしゃる。金札二割五分の相場を見直してもらいたいとの願いにたいし、すぐさま、「相場七俵の値段、官札十二月五日より御引」と紙へ大きく書き、障子と大灯篭へは二行に書いたうえで、八つ過ぎ頃、町中の家の所々へ張り出したが、人々は聞き入れなかった。

なかなか臨場感のある記述であり、状況を正確に伝えているように思われる。知藩事の提案があったにも関わらず、「聞き入れざる」の通り、まだまだ騒動は続くのである。

○二十六日　暮六ツ時に自宅に帰ったところ、小林宅も農民が押しかけてくる恐れがあるから、人を頼み備えをなさるが良いと健吾が言う。そこで、年寄りを儀作に預け二十八日まで逗留させた。長持、箪笥、家財諸道具などを、竹治親子、おつね親子、義平、亀作、由右衛門親子などに頼んで、本家、新家、佐右衛門、九十郎、助市、おつね、おとわ、竹治、義作、由右衛門、嘉十郎の十一軒へ残らず運び込んだ。金平、寛左衛門、助市、慶作、兵作、午蔵なども次々に来て、手伝ってくれる。酒二斗を上布施から取り寄せ、飯を半俵たいて労った。

○同二十七日　五ツ時分、戸部村の和太治が駆けつけ、舟渡で大勢が「広田へ向かって小林を潰してやる」と騒いでいるので用心されるようにと忠告してくれる。間もなく庭に赤旗白旗をかつぎ込んで押し入ってきた。家の者は裏口から出て隠れ、清治と慶治の仲間四、五人で狼藉を防いでくれた。竹治、亀作などがむすびを出したところ、「こんな冷めたい物は食えない」と取ってなげ捨て、健吾が茶を差し出したところで、家を出た。…中略…むすびや酒を担ぎ出し、しだいしだいに引き揚げて行ったので、難を逃れた。

奉公人だけでなく、健治のもとに出入りしていた人々の名前が何人も登場する。別家（民作家、繁治家）の奉公人、遠縁と思われる人、懇意の村人らしき人なども含まれる。これらの人々が皆、力になってくれたおかげで被害は最小限で食い止められたようだ。

○翌二十八日　大勢の人が手伝ってくれて、着類・家財とも元通り運び入れてもらった。自宅の片付けは亀作、清治に頼み、晩に風呂をたてた。

二十九日以降は手伝ってくれた人や、家財・衣類を預けたところへ礼に行ったり、知人や藩士を見舞ったりしている。

「十二月二日の晩、振舞」とある。騒動当日に世話になった人や後片付けの手伝いにきてくれた人々へのお礼に、宴席を設けたのである。招待者名簿の一覧とともに、例によって掛かった費用も細かに記録している。献立も興味深い。村人は招待に応じて祝儀を持参している。

十二月二日晩祝儀覚

献立

夕飯　赤飯

汁　人参

平　いも　人参　牛房《ごぼう》　大根　干子《ほしこ》（ばちこ＝なまこの卵巣）

皿　さけ

大平　里いも　人参　干子

丼　数之子

鉢　きんぴら

〆

村ならびに一統

銘々盆　赤飯　小皿　大根づけ　ごま塩

吸物　青な　人参　えび

三の重　前之通

干肴　おろし　さけ

〆

「二日晩振舞人別」という記録は、いわば招待者名簿である。村方〆三十人、合六十人とある。出席者の一人が小林家を称えて吟じたという。

小林氏　積善仁心慈悲心の恵に高く、神仏の御加護を以て　無事無難　大慶至極、御祝賀の

廉吟

積善仁慈の恵に高　千代萬代々も栄る　小林の家

樹翠

この男は広田村の酒蔵屋で、その後、何度も無心にきた。法衣をつくるというので金三分を渡したと書かれている。

村人は招待に応じて、祝儀を持参したが、その返礼に参加者の銘々に後日、お返しの品を渡している。

礼覚

一　二反　二両　儀作

一　一反　由右衛門

一　一反帯　竹治
一　一反　健吾
一　一反　儀平
一　一反　おつね
一　黄縞一反　官左衛門
一　同　一反　助市
一　帯　兵作
一　帯　金平
一　手拭　二筋　九十郎
一　同断　栄之助
一　同断　亀助
一　帯　祖山

以上のように、祝儀の品目までが細かく記録されている。祝宴と言うよりは慰労会という方が適切と思われるが、大きな難を逃れたことを幸いと感じ祝いたかったのだろう。いずれにせよ、奉公人をはじめ、身辺、近在の出入りの人々との関係が非常に良好であったことが窺える。

五　騒動の継続

明治三年十一月下旬の大きな騒動の後、十二月になっても騒動は続いていた。

○同十二月十三日晩　小市で一軒、久保寺で二軒、小松原で一軒、潰される。これらの家は、日頃、博奕《ばくえき》（とばく）宿をしていて恨みを買ったためである。

○同十四日　市郎左衛門宅、産物会所ほか質屋もこわし、庭で家財を焼く。村方八人が駆け付けたところ、「貴様たちに恨みはないが、我々が壊すのを邪魔するから、我らの仕事が終わるまで、縛りつけておく」と言って、太縄で素巻にした。村役人の訴えで役人が来て、夕方には鎮まる。

○同十五日　善光寺はまだ不正に贋金を使っているようなので、騒ぎは激しくなりそうだ。松代から兵隊たちが舟に乗って川北へ出ている。

善光寺領では贋金が盛んに使われていたようだ。商業の中心地であったから、ここの商取引で〝不直《ふちょく》〟、すなわち不正に使われた贋金は松代藩にも多く流通していたはずだ。それも、贋金を所持する農民の不満を買ったであろう。

○同十七日　須坂騒動で、三兵隊小河原へ行く。四ツ半時分、綿内の二つの寺で早鐘が聞こえる。鉄砲の音も聞こえる。
○同十八日　昼過ぎまで須坂と綿内の方で煙が見える。山田村から強付十七人が更級郡へ来て、「村の難渋者へ百七十俵を二十一日までに下されるよう求める。これが出来なければ、焼き尽くす」と書いた張り紙をした、と耳にする。
○同十九日　中野騒動、晩四ツ時分より火を付け、松代へも八ツ半訴えに来る。
○同二十日　明け六ツ前、兵隊が繰り出し、さらに、六ツ半時分にも繰り出す。七ツ半時分、中野大参事の九人は須坂には居られず、八田へ逃げ込んだ。後を追って来る者がいて、一手は富竹を経て善光寺より来るというので、入相《いりあい》（日暮）時分、丹波島口へ大銃二挺を引き出し、百人余りの侍が出て備える。
同晩　五ツ時分、広田村でも早拍子木が打ち鳴らされ、大騒ぎになる。文十郎、健吾、亀作、清治、竹治等が駆け付けてくれる。無事を確認して四ツ半過ぎ帰る。

○同二十一日以降、九ツ時丹波島、下氷鉋村、塩崎村、吉田あたりでも騒ぎは続いていた。

十二月十七日には須坂藩でも騒動が始まったことがわかる。さらに、十九日には中野県（旧幕府領）にも波及している。中野騒動はとりわけ激しく、郷土史で大きく取り扱われている。松代藩の藩兵も鎮圧に向かったようだ。松代騒動は近隣する藩にも波及したのだ。

中野藩の大参事が逃げ込んだ八田は、松代藩の御用商人として財をなした八田家である。年を越した明治四年になっても騒動は続いていた。健治の日記には、正月八日に、ようやく騒動の首謀者たち捕らえられ、そのうち三人が本牢へ、六人が御囲へ入ったと書かれている。

十二月二十四日以降の日記では、広田村の小作人と健治が十王堂で寄合をもった状況が記されている。知藩事・真田幸民の提案は受け入れられず、騒動が続くなかで健治が個人的に対応しているように見える。日記を見てみよう。

○寄合は、二十五日は朝から晩まで、そして夜も続いた。二十六日は朝から晩まで終日。
○同二十六日夜、小作人たちは、「引続き不作が続いているので、御上様へ御願い立て下され、居屋敷、畑方とも御相場七俵にして下さるよう」と願い出た。
七ツ過、嘉助、勘左衛門、喜八、金重、市之助、久米作、繁蔵がそろって「居屋敷、畑方とも、七俵御相場で願いたい」と、無心にきた。「ごく難渋な者には、そのように配慮しよう。あるいは、取り延べもあり得る。いずれにせよ、小作人も行立《いきたち》（生活が成り立ち）、地持も行立できるよう、示談のうえ馴合にて勘定するから」と言いふくめ、「この寄合の場では、相場も治定（確定）出来ないので」と言って引き取らせた。

このような次第で、十王堂で夜明しの寄合が続いた。年末の餅つきには小作人たちが大勢手伝にくるという。

村民一同、煤祓いをせず、門松も立てず、餅をつく暇もなく正月を迎える。

別家の繁治方では二十八日晩に餅つきというので、二斗分を頼んだ。

最後に、

実に前代未聞の年取りに御座候。凶年不作にても如様の年はこれ無く候。

と結ばれ、日記はここで終わっている。

健治はこの年村役人ではないが、年貢換金相場を金十両につき七俵の要望の受け皿になっている。小作人の何人かが健治に直接交渉に来た。小作人のような小前百姓の年貢上納は本百姓を介して行われるから、直接の交渉相手となったのだろうか。健治は「小作人も地主も、だれもが納得するように決めたいが、この場では〝治定《じじょう》〟、すなわち決定することはできない」といって、引き取らせた。

「晦日もせまった二十七日の夜も徹夜で寄合をしているので、村人はだれも正月の準備ができない。こんな年取りは、いくら凶作の年でもなかった。前代未聞の年である。」と嘆いている。

商法方と松代騒動を記録した『経勝花能帳第十五』の最終ページに、以下のような記録がある。〈19〉健治が小作人と寄合をもったのと同様のことが、ほかの村でもそれぞれ独自に行なわれていたことを示すような記録である。

一　上小島田村、田方五俵畑方六俵半
一　下小島田村ハ田方五俵畑方七俵
一　真島村田方三俵半畑本田八俵新田九俵　など

村によって相場が違っており、商法局も藩の役人も機能していなかったことになる。結局、騒動による要求はうやむやで終わってしまった。一斉に七俵相場になったというわけではないようだ。いずれにせよ、藩が譲歩した七俵を明治政府（民部省）は承認せず、明治四年一月、元通り四俵半に戻すよう布告した。松代藩は、この時兵を出して警戒したため、騒動は起こらなかったという。[3]

健治の商法方としての任務は、明治五申年二月朔日まで続いた。一年半にも満たない短い商法方であったが、松代騒動が起こった直後に官札で五十両を上納しているから、最も重要な役割は果たしたといえるのだろう。

松代藩への財政支援に関わる健治の履歴は、これまで見てきた「商法方ならびに松代騒動」を記した『経勝花能帳第十五〈19〉』だけでなく、他の何冊かの『経勝花能帳』にも見ることができる。表紙に「戸部村金談日記ならびに五ケ村より御県庁へ願立日記品々調帳〈21〉」、「戸部村慥直縺れ一件〈14〉」、「松代旧藩士貸付金元利滞候につき御県庁へ出願幷済口新証文扣〈23〉」などと書かれている冊子である。健治は明治四年に上田領・戸部村から神林玄順、林清ら四人とともに三千両を借り受けて、松代藩士四十名あまりに貸し付けている。この返済に関してトラブルがあったようだ。訴訟の経緯が綴られ内容量も多いので、読み解くのはなかなか難しい。結局、この訴訟は忠太の代まで後をひく結果になる。〔1〕

戸部村の他にも、貸金に関してトラブルを抱えていたことは、「〜縺《もつれ》之事」と題する『経勝花能帳』〈10〉〈11〉〈12〉〈13〉〈14〉などの存在でわかる。

余聞の節　九

浅川油田

明治以降、長野県は蚕糸王国とよばれるほど養蚕業・製糸業が盛んであった。

長野県の製糸産業の原点には、官営の富岡製糸場で製糸技術を身に着けた工女たちがいた。『富岡日記』を著した和田英もそのひとりである。富岡から戻ると、明治六年、六工社で洋式製糸技術を松代藩に伝え、その後の製糸産業の隆盛へと導いた。六工社は松代藩士・大里忠一郎を中心に創立された〝我が国初〟の民間製糸工場で、五十人繰り規模を持つ蒸気式製糸工場であった。洋式製糸の導入以前は、第４章コラムの図にも描かれている座繰機により、女性の家内作業で繭から生糸を繰っていた。

さて、もう一つ記憶に留めたい〝我が国初〟が長野市に存在する。日本で初の石油会社が石坂周造により設立され、始めて石油採掘事業が行われている。長野に油田があったとは驚きだ。

長野の石油採掘場所・茂菅《もすげ》村の名前は明治二十二年の合併によって消えたが、現在の長野市浅川地区である。採掘井戸はあずま屋で囲まれて今も保存・維持されている。そこにある「浅川油田の由来」という浅川地区市制百周年記念事業実行委員会による説明書きを参照して簡単に紹介しよう。

浅川油田の歴史は古く、宝暦三年（1753）にさかのぼる。瀬下敬忠が『千曲真砂』の中で「地中より油湧き出る所あり」と紹介したのが初出の文献という。天明四年、菅江真澄は、「臭水《くそうず》が湧く井戸が川を経て二つ並んでおり、越後の臭水と似ている」と記している。

〝くそうず〟は〝臭い水〟から変化し、〝臭水〟あるいは〝草生水〟と書かれるようになったらしい。弘化四年の善光寺地震後には、〝風草生水《かぜくそうず》〟（燃えるガス）が噴出した。天然ガスも出たのであろう。

安政三年、地元真光寺村の新井藤左衛門が十二本の井戸を掘り、一昼夜に十石（1.8m^3）以上石油の産出があったという。

石坂周造や大鳥圭介、外国人技師などをめぐる石油鉱業の胎動期の歴史については、『石油の開発と備蓄』（1996、12）に岩佐三郎による興味深い解説がある。[44] これを参照して以下に続けよう。

石坂周造は清河八郎らとともに尊王攘夷の志士として活動した血気盛んな人物で、幕府により捕らえられ獄舎の人となったが、明治三年には山岡鉄舟預かりの身となって放免された。その後、明治四年、投資家を募って日本初の「長野石炭油会社」(一年後に「石油会社」と改名)を設立して石油事業にのりだした。幕末の志士から石油採集事業への転換とは、異色の人物である。

明治六年、周造は綱堀式掘削機械をアメリカから購入し、茂菅村で掘削を開始した。長野市の刈萱山西光寺境内に石油精製所をつくり精製事業も行ったという。

しかし、産油量は増えず、事業拡張も順調にいかず、「石油会社」は明治十一年には破産宣言を受けて倒産してしまう。周造の猪突邁進で始まった石油開発には、幾分無謀な点もあったようだ。

その後、浅川の油田は西沢源治らにより採掘は続けられたが、産出量が少なく質もよくなかったので、井戸は次々に閉鎖されていった。最後まで残ったのが、酒井実と有賀扇作で、酒井は昭和四十二年まで、有賀は昭和四十八年まで採掘を続けたという。

昭和四十年代前半と言えば、石油化学工業の全盛期である。大学の高分子学科や石油工学科に人気があった。そんな時期にまで、我が国はじめての石油採掘が、細々とはいえ、長野で行なわれていたとは感慨深いものがある。

第十章　御維新の時代へ

一　黒船来航と江戸詰役夫募集

幕末から明治への歴史の大きなうねりの中で、江戸や京都から離れた農村の動きを伝える史料は少ないように思われる。小林家に残る文書に何か意外な史実が見つかれば面白いと期待したのだが、残念ながら見当たらない。ただ、黒船来航のことだけは、健治も記録に留めている。〈3〉

亜墨利加《あめりか》江戸品川沖見よる、嘉永六丑年六月来る

黒船来航が大ニュースで信州の広田村にも伝わっていたことはわかるが、その後に続く出来事については何も書かれていない。

浦賀沖に黒船が来航したのは嘉永六年（1853）の六月である。ペリーは一年後の再来航を約束して去ったが、これを反故にして早くも嘉永七年の一月に現れた。幕府は急遽対応を迫られ、江戸詰めの警備役を募った。

この時の関連史料を「広田区有文書」に見つけることができた（古93デ67 古06）。目録には次のように記されている。

亜墨利加御軍役人足組合帳 大塚村両村 藤牧村 広田村（広田村藤三郎他六人 御代官所宛）

時間軸を遡ることになるが、先ずは御一新への歩みの中の出来事として、黒船再来航時の村の動きを前記の史料で見てみよう。

広田村、藤牧村、大塚村にも人足の調達が要請された。この件を取り扱ったのは、郡奉行の下部組織である代官所である。この文書には江戸詰役夫募集の要領が先ず書かれている。

このたびの非常事態にあたり、警備のため毎年村々から江戸詰めの鍵役・夫役を差し出すよう申し渡す。

一 しばらくは、一年交代で順番に勤めること
　但し、二十才以上、五十歳以下の者から選ぶこと
一 今月下旬から江戸へ出発する者を、先ず差し出すこと
　但し、俸給と雑用の費用を支給する

一　江戸勤務で留守の間、農業は村中で助け合い、収穫に差し支えないよう留意すること
一　これまで村から江戸へ遣わされた者にたいし、組合や村から最合金《もあいきん》を支給していたと聞いているが、今般の江戸詰めは一年ごとに順番にまわるので、村からは支給しないこと
一　馬の提供を求めることもあると心得ておくこと
一　すぐに人選ができない場合は、くじ引きなどで決めること
一　控えの者も決めておくこと
一　夫役五人　内一人早出

広田村
藤牧村
大塚村両組

「鍵役」は「門役」と同じ意味で警備を担当し、「夫役」は運搬や普請などの人足役である。広田村、藤牧村、大塚村では誰も志願者がいなかったようだ。結局、「鬮取」（鬮《くじ》引き）で決められた。くじ引きの番号も記録に残されている（図10-1）。

広田村から二人、大塚村両組からそれぞれ一人、藤巻村から一人、合計五名がくじ引きに当たって江戸へ赴くことになった。

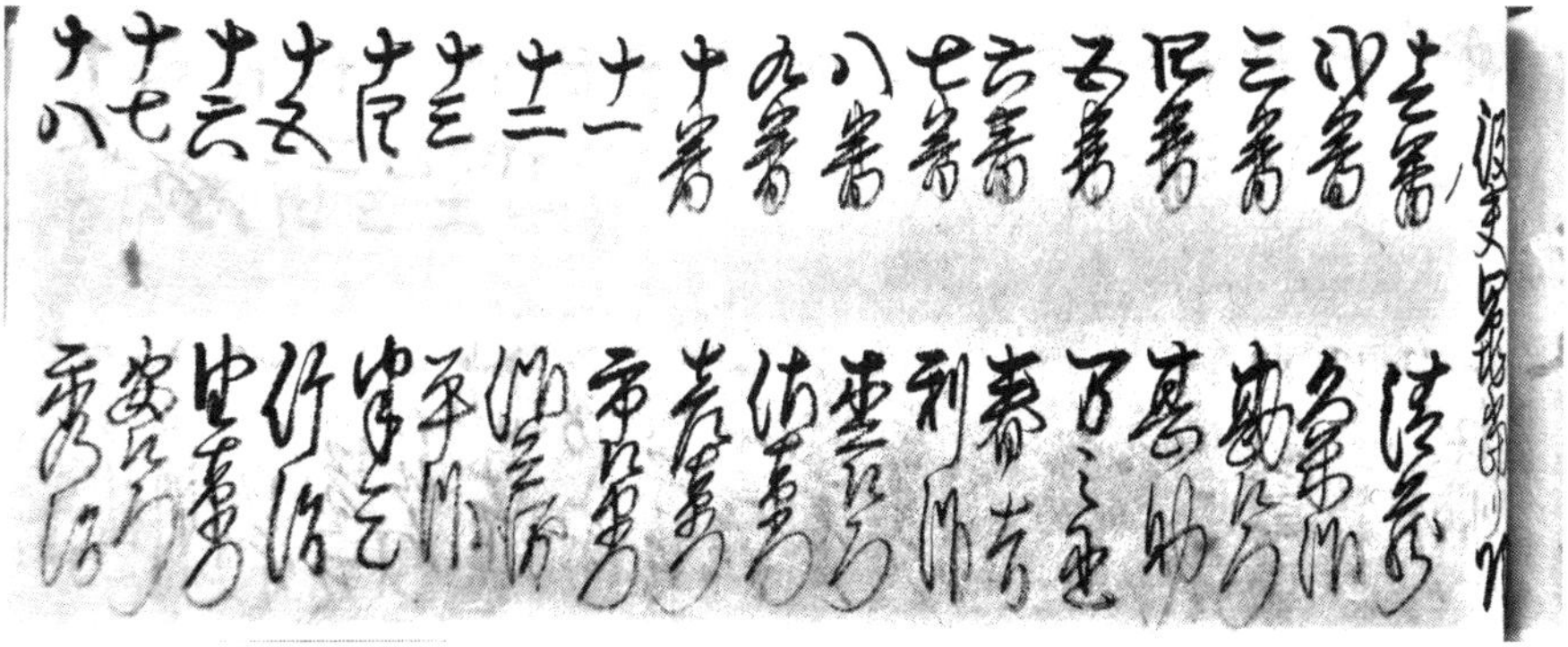

図10-1 くじ引きの当たり順番号とそれを引いた人の名前 「広田区有文書」より

広田村は、藤三郎（二十七歳）と国平（三十一歳）である。控えは平治（四十八歳）と平作（四十八歳）である。出立にあたり、代官所宛に銘々覚書を差しだしている。

藤三郎は、健治が説教したあの藤三郎に違いない（第4章4節）。嘉永七年に二十七歳という年齢も当てはまる。

一年間の手充ては二十両と籾五俵であった。村や組合からは最合金を出さないようにと代官所から言われているが、村から十両をそれぞれに渡している。

留守中の農耕補助といい、最合金といい、村人どうしで助けあっていたことがよくわかる。村請け制度のもとでは、村人ひとりひとりの労働力が欠かせない財産であったということだ。

ペリーの来航をきっかけに日本は激動の時代に入る。松代藩が生んだ異才・佐久間象山も活躍した。しかし、それとは裏腹に川中島平の村々では、松代城下町に近いといえども逼迫した雰囲気は感じられない。徳川幕府の崩壊時にあって、勤皇か佐幕かといった議論は、百姓にとって無縁なものであったのだろうか。
軍役に関連して少し付け加えよう。時代は跳んで慶應四年（明治元年・1868）の戊辰戦争。広田村からも百姓が戦場へ駆り出されていた。しかも健治のごく身近にいた。従弟で、別家した民作の次男・仙助と三男・源助である。

源助は越後三島郡久田村（現在の出雲崎町）で六月に戦死し、その地の「旅立ちの丘」に葬られている。[1] 三十歳での無念の死であった。

戊辰戦争で戦死した松代藩の死者数・五十六人は信州諸藩の中で群を抜いている。出征兵士の数が多かったこともあろうが、松代藩が新政府軍の主力を担って激戦に加わっていた証でもある。

仙助（仙之助とも書かれる）は五月十日から二十日まで戦地に赴き、十九日の「長岡落城の図」を描き送っている。これには、信濃川流域の鳥観図が描かれ、戦場となった

図10-2 仙助が描いた「長岡落城の絵図」の写しの一部

陣営の配置が記され、“官軍”に対する敵の陣地には“賊兵”と記されている。図の中央付近に、両軍が対峙したことで知られる榎峠が読み取れる。十九日に長岡城落とある。「小林仙之助殿より書き送る写し」と記されているので、仙之助による原典を書き写したものと思われる。

村の名前や戦況などが書き添えられている（図10−2）。

戊辰戦争の戦死者五十六人を祀る招魂社が松代・清野にあり、そこに祀られた兵士の一覧が『埴科郡誌』に載っているが、[54] それを見ると松代町を住所とする戦死者―藩士や徒士―が多い。一方、従卒や軍夫で戦死した兵士の住所は川中島地域の村々である。軍夫には苗字がなく名前が書かれているだけである。少なくとも、軍夫は百姓の中から駆り出されて戦死したことがわかる。源助は従卒でなく、それより上の階級・銃兵卒であったのは、おそらく足軽身分で徴兵されたためだろう。

二　浪人への身上がり

先に健治が安政五年十二月に足軽小頭株を譲渡して隠居したこと、また、同じ頃、松代の浪人・小林七郎の跡式相続をして浪人の身分格式を得ていたと述べた。健治の身上がり願望とともに、御維新への過程で身分秩序が崩れていく様子も見て取れるので、『経勝花能帳　第十三』を中心に、もう少

し詳しく見ていくことにする。〈17〉

「小林七郎」は、もともと唐沢という苗字であった。七郎は本家の唐沢彦太夫へ五両を差し出して苗字を改めていた。この金は健治が用意した可能性がある。

苗字小林と相改め申したき旨、願いの通り申しつく。安政五年　十月二十五日

改名はこのように文書により藩が正式に認めている。

この二か月後、小林七郎は健治に跡式相続をさせたいと願い出た。その口上覚が残されている。

口上覚

私は今年三十四歳になりましたが、この八月中から持病の疝積《せんしゃく》がひどく、最近は気分も優れません。そこで、広田村に居住する従弟の小林健治、四十四歳、を養子にして跡式相続をさせ、私は隠居いたしたく存じます。なにとぞ、願いの通りお認めいただきたくお願い致します。

竹山同心町　仮住居　浪人

小林七郎

十二月十五日

郡御奉行所

健治に唐沢（改名して小林）七郎という名の従弟は元々いないので、「従弟」というのは方便であろう。健治四十四歳も間違っている（安政五年に五十五歳であるから、本来「従兄」とすべきである）。

この跡式相続についても、以下のように藩から正式に認められている。

病気相勝れず候につき、広田村に罷りあり候従弟・健治養子にいたし、跡式致させ、隠居仕りたき旨、願の通り申しつけるなり。

十二月二十一日

小林七郎（元唐沢七郎）は浪人であったから、相続により健治は浪人格を得たことになる。三年後の文久元年、健治は藩の新用水路掛となっているが、その時の藩との文書の遣り取りでは、確かに広田村浪人を名乗っている（第8章1節）。

「安政五午年十二月　浪人株式苗字改寺務除入料金七十二両一分」という記録があることから、浪人株の相続には七十二両ほどが掛かっていたことがわかる。七郎家の菩提寺の寺務については、七郎方で永代面倒を見ること、健治は関わらないことなども確約させている。つまり、広田村・小林家の家長のまま、小林健治の名で浪人へと身上がりすることができたのである。

この時、健治は「辰二月より二十七ヶ年ニテ浪人格式なる」という一文を記している。二十七年前の辰年は天保三年で、健治が祖父・佐文治から家督相続した翌年である。その時以来、家長として百姓身分からの身上がりの思いをずっと抱き続けてきた。その悲願がやっと叶えられた感慨を記したように読み取れる。

浪人株を取得した翌安政六年（未年）には、次のような「口上覚」を郡奉行所へ差し出している。

口上覚

私はこれまで広田村の人別御帳面に記載されておりましたが、先般、浪人・小林七郎の跡式を仰せつけられたため、村方の勤めは出来なくなりました。しかし、引き続き広田村に居住したいので一本証文を差し上げ、願いのとおり仰せつけられるようお願い申し上げます。村在住の浪人として規律に背くことは決していたしません。村に関係する仕事は、信頼できる人物を役代に当て支障なきよう勤めます。また、住居替えなどについて、子年と午年には証文の提出を怠りなくいたしますので、どうぞ宜しくお願い申し上げます。

安政六未年正月　　広田村　浪人

小林健治　印

郡御奉行所

さらに家族構成を書いた「覚」も添付されている。

浪人ならば本来は城下に居住するべき身分である。しかし、広田村に住み続けることも可能で、そのためには「一本証文」が必要であった。[38] つまり、宗門人別改めのような村の住人基本台帳からは除かれ、健治家のみ単独の家族構成が記された一本証文を届ける身分になったのである。

また、村方三役人からは、村の仕事（地役）は久助を役代として地役御用を勤めさせること、広田村名寄帳面を付け替えることなどを代官所宛に願い出ている。「当村宗門人別御帳面御除御付け替えなし下し置かれ」という広田村三役人から郡御奉行所宛の文書もある。

安政六年の口上覚には「この末、住居替えなど子午年には証文懈怠《けたい》なく」とあり、この未年はとりあえず「覚」を一本証文として済ませたのだろう。

小林家も宗門人別帳からも除かれ、村内の三輪家や杵淵家と同様の扱いとなった。一本証文は子年と午年に更新して家族構成を報告することが義務付けられた。実際、元治元年（子年）には一本証文が提出されており、こちらの方が正式の書式なのだろうか、安政六年の「覚」よりも詳しく書かれている。

家族全員の名前を記したうえで、家内人数六人　内男三人　女三人　とある。内山紙（第3章　余聞の節）に書かれていることからも、この証文が重要な文書と認識されていたことがわかる。

一本証文は元治元年（子）の六年後、明治三年（午）年五月にも出されているが非常に簡単なもので、人別覚には「健治、忠太、チサ、巳之作、〆て男三人、女一人」の名前が上がっているだけである。この間に体制が改まり、明治二年（1869）の版籍奉還によって藩士の知行地は藩に納められ、旧藩士は士族、足軽などは卒族と称されていた。すでに一本証文を必要とする時代ではなくなっていたのであろう。

三　帰農

健治は浪人という身分で明治を迎えたわけだが、明治五年（1872）、健治を含む十一人の浪人あてに松代庁から以下のような呼び出しがかかる。〈17〉

申し談ずる次第これ有りの条、来る十一日巳の刻罷り出でべくものなり。

二月七日

松代庁

清野村 近藤儀右衛門

東福寺村 河野久喜

荒川守之助

和田新左衛門

広田村 小林健治

原村 小山守助

二つ柳村 □藤覚之進

四ツ屋村 白井右兵衛

有旅村 坂巻専左衛門

境新田村 丸山団蔵

田の口村 小林郡蔵

前記の文書に添えて、健治のメモのような書き込みがある。

十一日、浪人一同で松代庁へ行ったところ、小参事・矢野様から「浪人は士卒となり、十七日までに帰農すること。浪人は廃止する」と申し渡された。十日に帰農願いを差し出し、十八日に右のような御朱印が下された。

健治も含めて浪人は農業を本業とするようにというお達しである。さっそく帰農願いを出して認められる（図10-3）。

この認可状は、健治の帰農願の文面の一部を日付・居住地までそのまま再録して、最後に大きく「願之通」と書いて松代藩の印鑑を押しただけのものである。居住地に関しては、かなり念が入っている。

明治五年二月に帰農した健治は〝郷士〟と呼ばれたようだ。

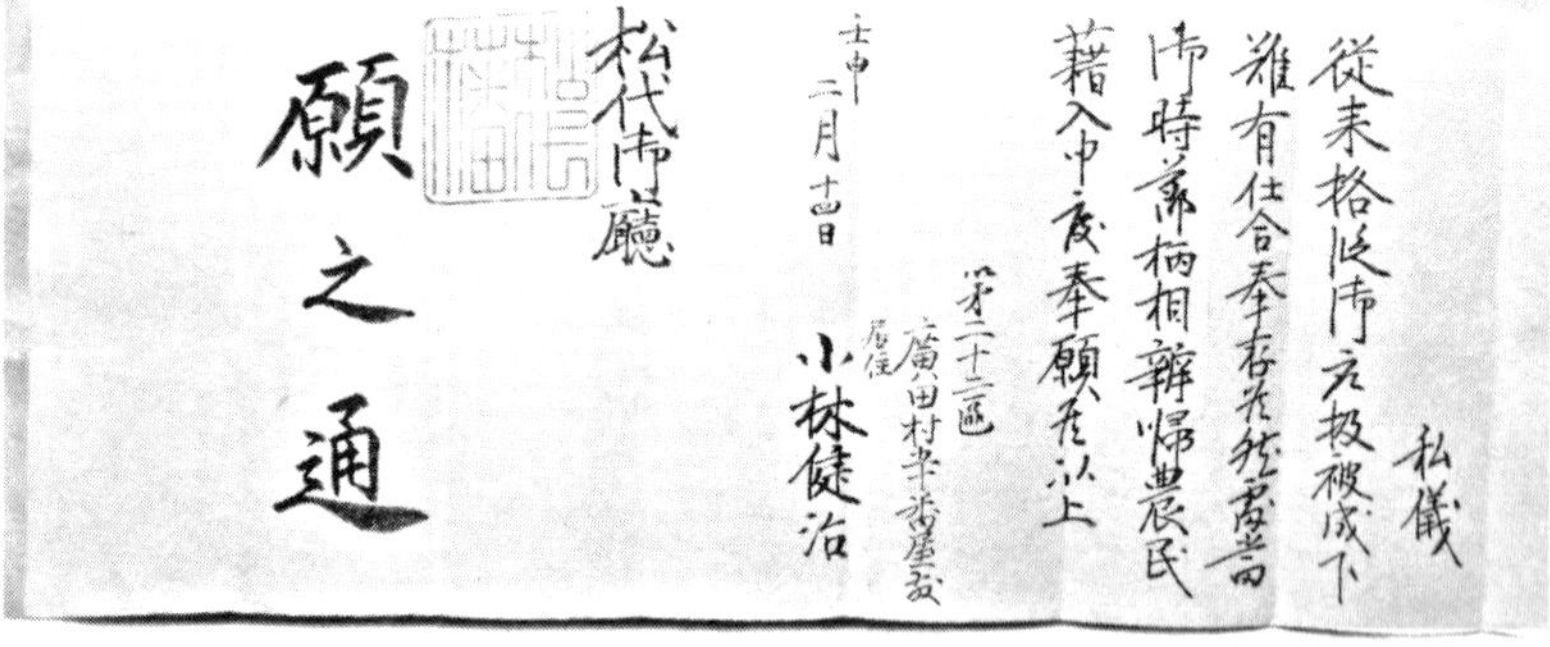

図10-3 帰農願（二月十四日提出）を許可した松代庁からの文書の実物（15.5cm×43cm）

関保男『北信濃歴史漫遊事典』を拾い読みしているとき、〝郷士〟の項目に、たまたま小林健治の名前を見つけた[48]。郷士は「在郷に居住して武士に準じた格の者」と書かれ、松代藩の郷士二十六名の名前が記されている。このうち、十人は二月七日に呼び出し状を受けた人物である。苗字が同じで名前が異なる人物もいるが、居住する村が一致するので同一人物あるいはその後継者に違いない。つまり、明治五年の二月に帰農した浪人は、その後、郷士と呼ばれたことを示している。『北信濃歴史漫遊事典』から一部を引用させていただこう。

▽松代郷士（丸山文庫）　清野　近藤、小川　大日方、三輪　大田嘉右衛門、丹波島　柳島　喜代三、広田　小林健治、……以下　２１人省略

（明治五年壬申五月、松代領副戸長　矢野唯見（印）　横田数馬（印））

「丸山文庫」は丸山清俊が収集した郷士史料で、長野県立歴史館に所蔵されている。印影つきの副戸長による公式文書と見て取れる。ちなみに、副戸長の横田数馬は、『富岡日記』を著した和田英の父である。

丸山文庫の原典を見ると、それぞれ出自の由緒を書いて郷士であることを申し立て、副戸長の二人が「右の通り、信濃国松代藩下郷士の由緒を取り調べ」て確認・保証したことがわかる。

健治が提出した由緒書には「小県郡葛尾城の村上義清一族・村上新九郎義盛の嫡子村上新太郎義長、故あって小林に名を改め、嫡子・長三郎義国が越後の忠輝公に仕えていたところ、主家が断絶となり、……」とあるが、到底信用できるものではない。村上新九郎義盛については、次節で改めて取り上げることにする。

浪人も郷士も、松代藩の歴史に登場するのは稀なのではないだろうか。浪人は、仕える主家を持たずに武士の体裁を保った者に対する一般的な呼称と思っていたが、松代藩では正式な身分・各式として存在したようだ。『浪人格其外名面帳』、『給人幷浪人格明細書名面調帳』などの文書が「真田家文書」の中にある。[38]

足軽はすでに卒族になっていたが、武士の由緒がある浪人を士族とするため、彼らを郷士とよび、郷士を認定するために由緒書の提出が求められたと思われる。

丸山文庫の郷士には広田砦の城将・大日方氏の一族も何人か登場する。大日方弥惣治家の由緒書には、「千見城主佐渡守直基を家祖とし、直基は川中島合戦に出陣、その後広田村に居住（「居住の跡今に在り」）して、昌龍寺を開基した」とある（第1章1節）。「その後、小根山村に引き移ったが、真田家の松代移封によって五代・又左衛門が召し出された。しかし、病身につき出仕できなくなり、その後は、代々郷士を称して十四代の私に至った」と書かれている。これも、どこまで信用できるかは疑問である。

明治五年の戸籍調査は、いわゆる壬申戸籍と呼ばれるものである。士族と平民に身分が分けられて登記される。健治は士族となったはずだが、明治五年以降は健治の名が書かれた文書が見当たらないので確証はない。忠太には明治六年以降、士族の肩書がつく文書がある。

四　偽りの先祖

健治が由緒書に書いた村上新九郎義盛という人物は、来歴は不明ながら、過去に実在した人物であった。御維新の時代から時間を巻き戻すことになるが、この章に記しておこう。

善光寺地震に伴う大水害の後、安政年間、村一帯を開墾した際、「村上新九郎義盛」と刻まれた碑石が出土した。

村上新九郎について、『更級郡埴科郡人名辞書』に、次のような記述がある。[52]

戦国時代の武人。葛尾居城の村上氏の族か。天文永禄の川中島戦争の勇士か。更級郡田牧村（現稲里村）を領有したと見え、安政年中碑石を発掘した。曰く、忠刀義盛禅定門、永禄七年八月三日、村上新九郎と彫してある。……中略……川荒れ砂地となりしを安政年中地下五尺を穿つ、その時発掘せしという。（田牧村誌）

碑石の発掘に関連した事項のみで、人名辞典に載るほどの歴史上の人物ではないようだ。ただ、「禅定門」は高位の位号である。村上氏一族においては重要人物であった可能性がある。

驚いたことに、発掘された村上新九郎義盛の碑石の拓本が（図10－4A）、形状と寸法が書かれた図（図10－4B）とともに、小林家に伝わっていた。明らかに長い年月を経た古いものとわかる。図に書かれた高さ七寸五分、幅五寸は拓本で測った高さ23cm、幅15cmと一致する。村上新九郎という人物が過去に実在したことだけは、確かといえるだろう。

碑石発掘後の一連の動きは、どうやら健治が仕切っていたようだ。碑石の拓本をとり、藩にも届け出ており「領主真田公郡方役所へ上申す」という記述がある。さらに、新九郎のために新たな墓と位牌までつくって祀っていた。[1] 由緒書にも利用され、小林家の系図の中にも加えられる。村上新九郎義盛は小林家の元祖というべき位置づけで付け加えられたのである。

当時の村上家菩提寺・満泉寺二十世住職も、健治を村上家再興の功労者として讃えた文書を送り、その中で新九郎に「興嘩院殿」という諡《おくりな》も与えている。[1] 位牌には確かに「興嘩院殿」と書かれている（図

10-5）。

信濃の戦国武将村上氏の系図にもない村上新九郎義盛の碑石の発掘は、村上義清に繋がる宗家とされる当時の村上義暁や、村上家菩提寺の満泉寺にとって、村上家再興の兆しともなりうる重大事件であったのだ。

碑石が発掘されたのは安政四年（1859）であるが、安政六年に村上新九郎義盛の法要が満泉寺で催された。もちろん、健治も参列しており、次のように記録している[4]。

安政六未年九月十一日江戸村上左馬之助様御出、村上山満泉寺二十代住村上新九郎様

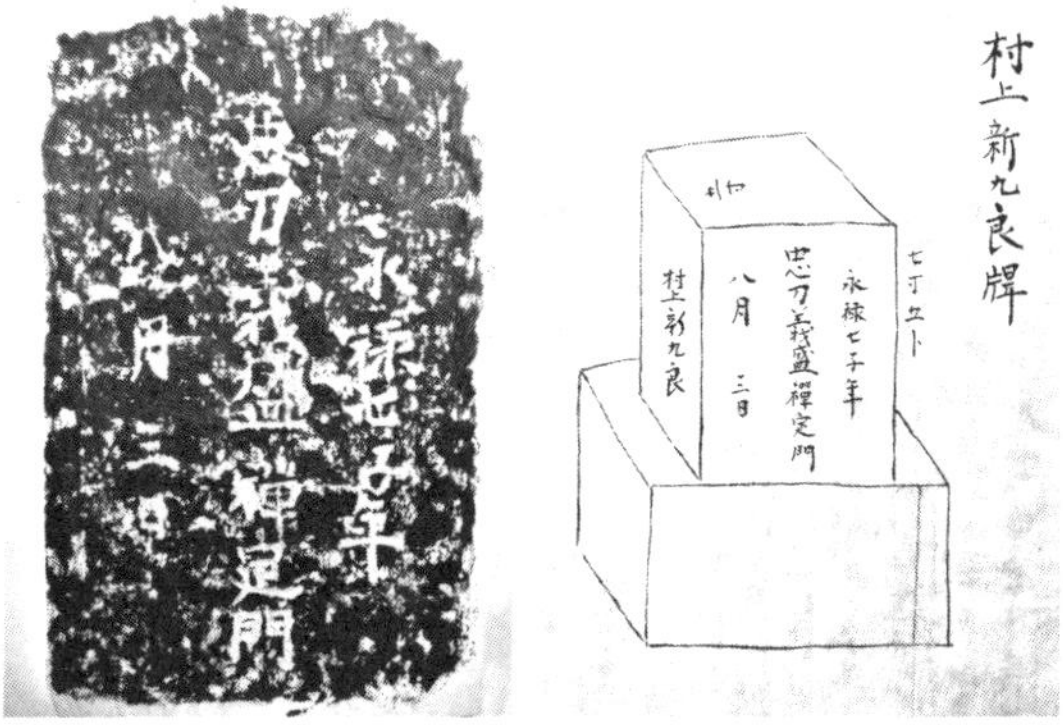

A　　B

図10-4 安政四年に発掘された村上新九郎の碑石の正面部分の拓本（A）と碑石の見取り図（B）

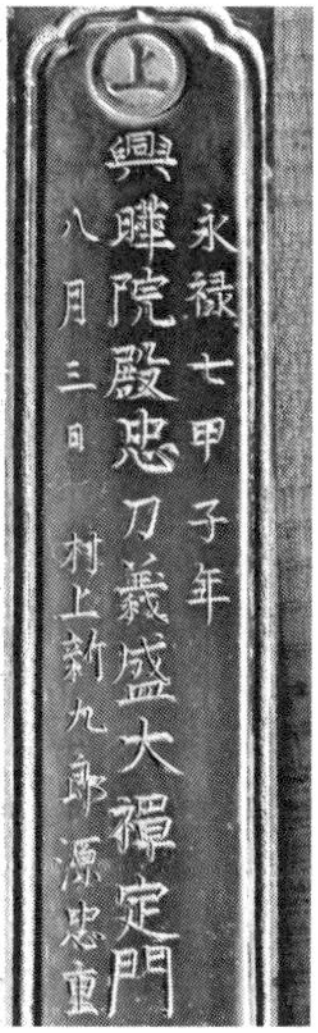

図10-5 村上新九郎の位牌。村上氏の家紋「丸に上」が彫られている。

二百九十六ケ年に当り三百回忌法事これあり□□御焼香致す。

村上左馬之助は村上氏の血縁として江戸から招かれたのだろう。それにしても、三百回忌とは！

健治が新九郎義盛にこだわったわけは、信州の郷土史研究の第一人者・小林計一郎氏が書いた「村上義清の子孫」を読んで納得した。[34] 一部を引用させていただく。

私はあちこちで、「村上家伝」の系図をみせられたこと、何十回とも知れない。その持ち主はたいてい物持ちで、中には近郷に知られた名家が多い。それらの家々で先祖から持ち伝えて大切にしている系図をニセモノときめつけるのは、いかにも気がとがめる。そのために所蔵者の自尊心を傷つけたことが何回あったかしれない。しかし歴史研究家としては、ニセモノを本物というわけにもいかないので、この稿で、この「家伝」の成立の事情や、そういうものを必要とした事情を少しく説明して罪ほろぼしとした。

…中略…

義暁の時、安政六年、坂木満泉寺で先祖の大法要を催し、旧臣縁者五百余名が参加したという。この時、義暁は旧家臣の後裔に、その家筋を認定し、村上家再興の時は恩賞を与えるという宛行状を発行している。……この家の人々は、「村上家の正統の子孫」ということを飯の種にしていたから、その方面での活躍はなかなか積極的であった。また、こういう家を必要とする富裕な庶民の要望に支えられていたこともあろう。

なんと安政六年の法要について書かれている。約五百人の参加者という大法要であった。この時、村上義暁は旧家臣の後裔に、その家筋を認定していたという。

村上新九郎を小林家の先祖に祀り上げることを満泉寺・村上家も認め、諡も与えたのであろう。新九郎の碑石発掘を好機ととらえ、健治が請い、満泉寺は飯の種にして、双方の利害が一致したのである。

江戸時代の富裕農民が家柄を飾ろうとするのは、全国どこでもごく普通にあった。つまり、身上がり願望が心底にあった。家系の権威付けには、主君が亡びた大名や名家であれば都合がよい。その点で村上氏は「亡びた名門」としてうってつけの存在であったのだ。[34]

村上家には、義暁以前から偽古文書の歴史があった。[15][34] 村上家の信濃退去後から百年も後になって、義清の子孫と称する村上義豊という人物が現れ『村上家伝』と称する偽文書をつくって流布させたのである。先の小林計一郎「村上義清の子孫」に出てくる『村上家伝』がこれである。

義豊は、新九郎の大法要を行った村上義暁よりも六代ほど前の人物である。偽の由緒により多数の村上一族や家臣を創出して村上家再興を図るとともに、「飯の種」にも利用した。一方、有力百姓にも由緒を飾りたい願望があったから、競って飛びついたのである。

健治が書き残した『御鈊禅帳壱』には、『村上家伝』から引用したと思われる村上氏、出浦氏、高梨氏、清野氏などの系図がびっしりと書かれている。〈1〉これには、「これ村上氏の分地なり」、「村上修理太夫より分る」、あるいは「これ清野氏の先祖なり」などのように、村上一族との繋がりが随所に盛り込まれている。なんと、小林氏の系図もある。白鳥河原の戦で討死した村上義重につながる村上義村が「小林氏の元祖なり」とされ、一重山の城主だったとある。〔1〕『村上家伝』を捏造した村上義豊の時代は、初代・忠八が小林宗家・治左衛門から分家する以前であるから、小林宗家には『村上家伝』そのものが所蔵されていて、健治はこれを写し取ったと推定される。

健治の肖像画をもう一度眺めてみたい（図7―5および口絵図1）。背後の衣紋掛のようなものに、朱色の着物が掛けてある。ここに〝丸に上〟の村上家の家紋が書き込まれている。忠八の肖像画（図7―3）の背後にある刀懸けにも〝丸に上〟を見ることができる。父・嘉忠治の追善句会は安政三年であるから、それ以前から―つまり、碑石の発見以前からすでに村上義豊によって―村上家の家紋を下付され、村上一族との繋がりを認定されていたことになる。新九郎の碑石発掘は、その繋がりをさらに強固なものと見せかけるために好都合の出来事であったのだ。

余聞の節　十

村上義光公廟祠記念碑

明治の御一新の時代になっても、川中島周辺の人々は村上家との接点を大切にしていた。村上家と言っても、ここでいうのは村上義清が活躍した時代より二百年も前、元弘の時代の『太平記』に現れる村上義光である。小林家第六代・寛之進が集めた資料の中に、明治初めの「村上義光公廟祠記念碑創立趣意」という文書がみつかる。

このころの村上家の当主は村上義信（義暁の一世代後）である。当時、村上家を華族として復活させる運動が高まっていた。名門であることを示すには、村上義光まで遡って売り込むのが有利なはずだ。川中島周辺で村上義清との関係を誇りにしている人々の間で、義光記念碑設立の話が起こったとしても不思議でない。手書きの趣意書が手元に残されていたことからして、寛之進は記念碑設立活動に深く関与していたと思われる。

趣意書は、ぎっしり書かれていて、

人皇九十五代、後醍醐天皇ノ時、信ノ更級郡村上郷之人左馬権頭源義光子兵衛佐蔵人義孝相率テ皇子護良親王ニ仕テ、……

で始まり、北条高時、赤松則祐、平賀三郎、新田、楠といった名前が現れ、『太平記』のあらすじをなぞっているかのようだ。王制復古後の皇国史観の雰囲気に満ちた文面である。最後はこう終わっている。

同感縁故ノ有無ヲ問ハス、金寡《きんか》ヲ論セス、奮《ふるつて》捐資《えんし》賛成アランことヲ希望スト、云爾《うんじ》（――しかいう）。

記録によれば、この時、山岡鉄舟が碑の銘文を依頼され、以下のような七言絶句を寄せている。

山岡鉄舟居士の題詞　村上義光父子建碑簿題詞

賜錦袴兮奪錦旗
光隆忠勇甲王師
聖朝幸有霊孫在
不朽英名勒此碑

明治五年から十年間、明治天皇に仕えていたという山岡鉄舟なら、村上義光の碑文を書いたとしておかしくない。しかし、川中島の人々は、どうやって山岡鉄舟に接触できたのだろう。おそらく長野に縁のある石坂周造が介在したと思われる（第9章 余聞の節）。周造の妻は鉄舟の妻の妹であった。石坂周造は山岡鉄舟の義弟に当たるから、懇意な関係にあったはずだ。

この趣意書のとおり記念碑が実現したのか、建ったとしたら何処に建ったのかはわからない。坂城（現・千曲市）に自在神社《じざいじんじゃ》という神社がある。その創建は南北朝にさかのぼるが、明治になってから村上義光が合祀されたという。趣意書が合祀を促したとも考えられる。境内のどこかに山岡鉄舟の碑文が見つかるかもしれない。

第十一章　墓と法名、そして後裔

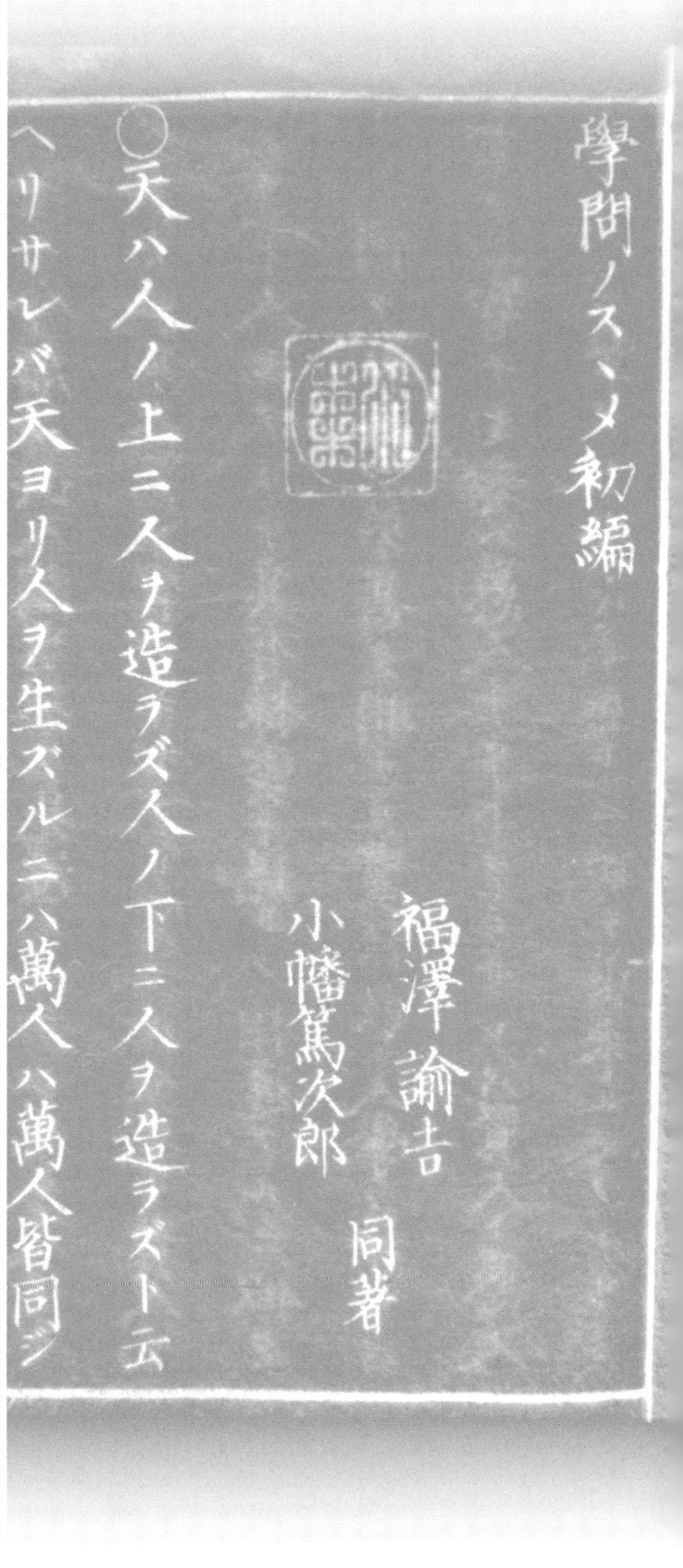
學問ノスヽメ初編
福澤諭吉
小幡篤次郎　同著
○天ハ人ノ上ニ人ヲ造ラズ人ノ下ニ人ヲ造ラズト云
ヘリサレバ天ヨリ人ヲ生ズルニハ萬人ハ萬人皆同ジ

一　墓と法名

墓と法名は通常、それぞれ当人が逝った後につくられ、命名されるものである。ところが健治はどちらも生前に準備してしまった。これも身分願望と関連しているので、一節を設けることにしよう。
【法名と戒名は、厳密には区別されるべきもののようだが、健治の残した史料には戒名という言葉は現れない】

小林家の菩提寺・昌龍寺の十二世・巨関和尚は、小林家代々に渡って法名に院号を付けることを確約した。その「覚」が存在する。〈4〉文久二年（1862）、健治五十九歳の年である。

これは、むしろ健治が確約させたのであろう。昌龍寺の興隆は、健治の曾祖父・忠八と祖父・佐文治が多大な財政支援をしてきたことによるもので、祠堂料、大般若転読料、懺法《せんぼう》供養料などの名目で度々寄進をしていた。九世住職・吟松和尚の時代に五年の歳月をかけて庫裏を完成させたのも、佐文治の多大な援助によるものであった。これらに加え、この年、健治が二十両を寄進したことも背景にあった。

院号は本来、貴族や将軍家など高位の人物の法名に付けられたが、江戸時代には富裕民を中心に一般にも広まったという。院号とセットとなって位号が付けられ、男性では「居士」、女性では「大姉」となる。

健治以降の代々に院号が免許されると同時に、健治は先祖に院号を冠した新たな法名を付けた。さらに生前ながら自分自身と妻・ムメ（結婚後、フサから改名）の法名まで決めてしまった。これは、「村上院…」から「経勝院…」まで十名の法名が並べて記された文久二年の資料が存在することからわかる（図11-1）。健治は「住所院鈊禅実参居士」、ムメは「経勝院桐愛貞清大姉」である。

これにより、健治が書き残した『経勝花能帳』と『御鈊禅帳』という名前が法名から採られていることにも気付く。『経勝花能帳』には、妻・ムメの院号「経勝院」と祖母（佐文治の妻）・チヨの院号「花能院」からそれぞれ二文字が使われてい

図11-1

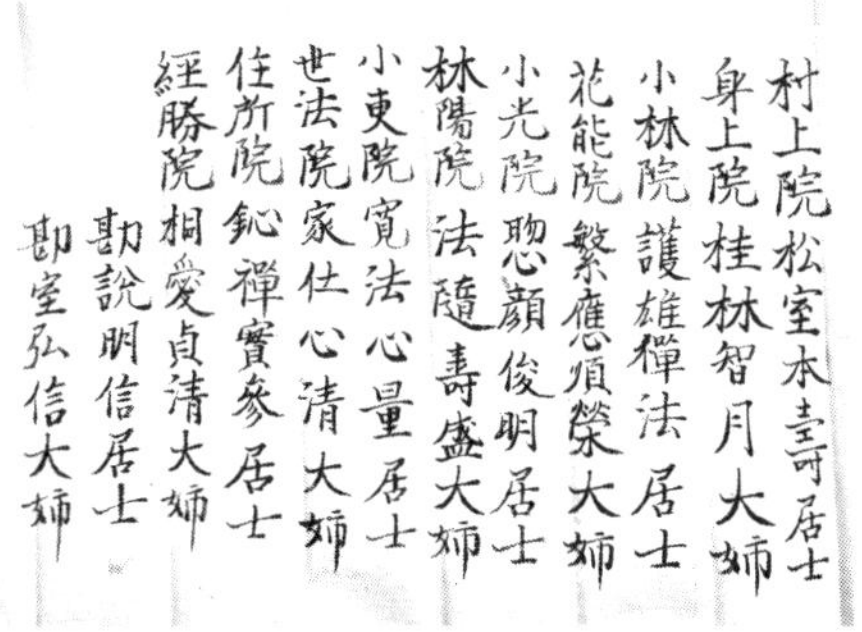
村上院松室本壽居士
身上院桂林智月大姉
小林院護雄禅法居士
花能院繁應順榮大姉
小光院聡顔俊明居士
林陽院法隨壽盛大姉
小東院寛法心量居士
世法院家仕心清大姉
住所院鈊禅實参居士
經勝院相愛貞清大姉
勘説明信居士
勘室弘信大姉

図11-2

図11-1 文久二年、健治によって定められた先祖および健治と妻・ムメの法名。一枚の紙に書かれ、折りたたまれて、『御鈊禅実箱写一』に挟まれていた。

図11-2 健治および前妻・ウメと後妻・ムメの墓。ウメは小根山の大日方家、ムメは杭瀬下村市川家から嫁いできた。それぞれの実家の家紋、「丸に二つ引両」と「九曜」が彫られている。

る。後世に残す文書・記録に法名を留め、妻と祖母の内助・加護を風化させまいとしたに違いない。『御鈊禅帳』は健治自身の法名「住所院鈊禅実参居士」から採用していることもわかる。ただ、母・カチの法名「林陽院」が採用されていないのは気に掛かる。

さて墓石である。昌龍寺の墓石を見ると、初代・忠八から健治と妻・ムメも含めて、すべてに健治が定めた法名が刻まれている。

この墓石が健治の存命中に造られたことは、過去帳や位牌に記された健治の法名が「住所院…」ではなく、「栄林院鈊禅健司居士」となっていることから推察できる。これは小〝林〟が〝栄〟えたのは、〝健〟治が家長として〝司〟った功績という意味合いが込められていると解釈でき、健治本人ではなく、嫡男・忠太か、あるいは次の当主・寛之進が、健治の徳を称えて健治の没後につけ替えたと推測される。健治が決めた「住所院…」よりずっと法名らしい。

健治が名付けた佐文治の「小林院…」と忠八の「村上院…」も、法名としてはなんとも不自然であるが、そのまま二人の墓石に刻まれている。ということは、これらが健治の代に新たに造られたことを示唆する。実際、最も古いはずの忠八の墓石も、他の先祖のものと比べてあまり古くは見えない。

健治が自らの墓石をつくったと考えられる理由はもう一つある。健治の墓石の形は普通の墓の形ではなく、供養塔や墓碑塔として建てられることが多い宝篋印塔《ほうきょういんとう》の形をしている（図11-2）。個人のお墓として用いられることもあるようだが、先祖を供養し、子孫を守り一族を繁栄に導くための仏塔としての意味がある。信心深い健治なら、自身の墓石として先祖崇敬の念も込めて採用することは十分あり得るだろう。それとともに自身の功を世に、そして後世にアピールする狙いもあったろう。健治の没後に息子の忠太あるいは寛之進がこの墓石を建てたとすれば、法名は「栄林院…」と刻んだはずである。宝篋印塔の墓は肖像画と同様に、健治の身上がり願望の象徴であることは間違いない。

二　健治の晩年

健治は明治五年（1872）に帰農したが、その後はこれといった事跡はみられない。すでに息子たちの時代になったのだろう。明治九年（1876）一月に七十三歳で亡くなるが、何かの病を患っていたような記録もない。

健治は幕末から明治への時代の転換について、〝御維新〟という言葉を使っている。例えば、帰農願の文書の中で以下のように書いている。

今般、御維新につき御趣意に基づき帰農仕り、これまでの通り、当村に居住相続け罷り在りたく存じ奉り候。

御維新への動きは、健治の耳にどれほど届いていたのだろう。信州を通過した和宮降家や東山道鎮撫軍の東征についても、健治は何も記録していない。松代藩の生んだ異才・佐久間象山や幕府の海防掛を勤めた藩主・真田幸貫のことなどは、どの程度知っていたのだろう。

健治の七十三年間の生涯を顧みると、幕末の波乱万丈やら疾風怒濤などとは無縁の、広田村に埋もれた人生であった。実際、善光寺平から外に出た記録はなく、寺社霊場巡拝の旅さえもしていない。広田村という狭い社会の中で、先祖からの賜りものである家と村をひたすら守り、村を支えるリーダーとして、また藩を支える豪農としての勤めを果たし続けたのである。

渡辺尚志『百姓の力』によれば、豪農は三つの類型に分けられるという[13]。

①村との共生志向型豪農……活動の基盤を自身の住む村に置き、村落共同体の発展のために自らイニシアティブをとって、責任を果たそうとした豪農

②自己経営最優先型豪農……村の安定・運営に関心を示さず、時には不正を働いてまで私腹を

肥やす私利私欲の豪農

③『草莽の志』型豪農………幕末期に村を飛び出して政局に身を投じて尊王攘夷運動に奔走した豪農

健治が、①の「村との共生志向型豪農」であったことは明らかである。①のタイプの豪農には、「儒学・国学を受容することで、自らの社会的責務の自覚を深めようとする人もありました」ともある。健治の生涯に国学の匂いは感じないが、儒学や仏教の影響は大きかった。先祖の積善・勤労・勲功を慕い敬いながら、経世済民や六諭衍義の教えに従って生きてきたはずだ。

『御鈯禅帳』や法名に使われた「鈯禅」は、健治にとって生きる指針であったに違いない。この言葉の意味を正しく解釈することは叶わないが、菩提寺・昌龍寺が曹洞宗、すなわち禅宗であることから、無念無想の座禅の境地を表しているのだろう。

上納・寄進の具体的金額が書かれた記録・文書が多いことに驚くが、②のタイプの豪農であったわけではなく、郷土のために尽くした証拠を残し、家の権威を守ろうとしたと考えるのが自然であろう。それに加えて、健治自身の実務能力が高かったことも見逃すわけにはいかない。驚くほど事細かに記録し、文書を残している例を幾つも見てきた。

健治にとって暮らし向きに不満はなかったであろう。ただ、少しでも武士に近づきたいという思いには、心残りがあったかもしれない。健治が生涯を通して持ち続けた身上がり願望は、明治維新を迎えては何の役にも立たない。江戸時代の中でこそ生き続けたのである。武士になり損ねた豪農の人生だったと言ってもよい。健治の残した史料からは、『夜明け前』の主人公・青山半蔵のモデルとなった島崎藤村の父・島崎正樹のような御維新への期待も失望も伝わってこない。

三　健治の後裔

御維新の時代を迎えて上層百姓が地域社会にどう関わったかは、歴史研究の課題になるようだ。[28] 健治自身の関りはほとんど見えてこないが、これは前節でも述べた通り、明治九年に家督相続する以前から、嫡男・忠太が実質的に家長的立場で家政を担っていたためと考えられる。そこで、忠太およびそれ以降の後裔についても主な事跡を見ておこう。

明治四年、忠太に対し「二六番什長申し付け候こと　辛未　十月二十二日　松代県庁」と辞令が下っている。〈4〉 二十六番組下の二十人の名前も挙がっている。この什長は明治七年から施行される大小区制での什長とは異なり、足軽小頭を長とする足軽の配属を再編成したようなものと推定される。

明治七年の大小区制では、旧松代藩（この年には、松代県を経てすでに長野県となっている）は五十二大区に分けられ、その下に三百四十五小区が生まれた。大区の長が区長で、従来の村に相当する小区の長は戸長と呼ばれる職務を担った。副戸長にあたる職は什長とよばれた。これらの役職には旧村方三役を勤めたような家柄の者が就くことが多かったようだが、忠太がこの意味での什長も兼ねていたのか確証はない。

忠太は明治六年六月に士族の肩書で帰農届を出している。健治はすでに明治五年に帰農していたが、その時の帰農と幾分性格が異なるようだ。忠太の帰農届は、明治六年七月の地租改正条例や明治九年八月の金禄公債証書の公布に関係していると思われる。健治の名前は、これら租税制度・土地制度の変革の記録には名前が出てこない。

第三十七区　更級郡広田村住　士族　小林忠太
農工商の職業相営み候者、届け出るべく旨仰せ渡らせ畏れ奉り候えば、ただ今まで、農工商の職業御座無く候。今般、御趣意に基づき向後農兼業相営みたく存じ奉り候。
この段、お届け申し上げ候。以上
明治六癸酉年六月　　士族　小林忠太

代理　長野県権参事　楢崎寛殿

地租改正条例では個人の土地の所有権が認められ、土地の自由売買が可能になり、土地所有者には地券が交付された。地租は旧来の石高制に基づく物納から金納に改められた。金禄公債証書の公布では、家禄の支給が廃止され、数年から十数年分の家禄の公債証書が交付されたのである。これを元手に新たな職業に就くもの、農業に従事する者、村や町を出てゆく者など、それぞれに生業を立てなければならなかった。忠太の記録にもこうある。

明治十五年　金禄に直し公債証三百三十五円ほか正金二円五〇銭下さるなり。

忠太は明治六年に「学校掛り」と「作新学校執事」という役に就いている。明治六年は明治政府により学制が発布された年である。学校事務が公的な職務になったことになる。

作新学校は明治六年八月に開校した広田地区の学校を指している（図11‐3）。歴代和尚が寺子屋教育に熱心だった善導寺を仮校舎とし、男生徒百三十二人、女性徒百三十三人、教員三名でスタートした。初代の校長は浅井済である[49]（『下氷鉋小学校百年誌』からの引用）。[49]

図11-3 明治六年の開校後、明治十六年に建てられた作新学校本館。四方は漆喰塗で西洋風窓があるが、正面の玄関は和風で擬洋風の建築。長野市の学校建築としては二番目に古い。昭和49年撮影（『下氷鉋小学校百年誌』より）

明治九年一月に健治が亡くなり、忠太が正式に家督相続する。その後、明治二十一年十月、六十二歳で忠太が亡くなると、四十三歳の寛之進が相続して明治二十九年まで第六代・当主を勤める。忠太は遅くとも明治十七年以前に現役を退いて、寛之進が実質的に家政・村政を担っていたようだ。寛之進は明治十七年に田牧村戸長（広田村は明治八年に藤牧村と合併して田牧村となっている）を務めており、また忠太は明治十八年に夫妻で全国神社仏閣巡礼の旅に出ていることからそう推定される[1]。

寛之進は明治十八年九月、更級郡役所の筆生という役職に就いている。その辞令には「年給金二十四円下賜候こと」とある。筆生とは役場の書記のような役目であろう。

寛之進は「士族生計表編輯」にも関わっている。おそらく筆生としての仕事であろう。金禄公債証書を手に入れたものの生活がままならなかった士族の窮乏に対し、政府は救済を目的とする授産の基礎として、彼らの生活に関する全国規模の実態調査を行ったのである。

また、寛之進は田牧村の歴史を調べ『田牧村誌』を書いているが、これは明治十六年、田牧村戸長・神林多仲と連名で長野県令大野誠あてに提出され、『長野県町村誌』としてまとめられ、活字化されている。『田牧村誌』には、墓・寺・社の項に村上新九郎義盛の碑石発掘に関して、

案ずるに村上氏の系図に、新九郎なるものを見ず。如何なる人なるか考え難し。博識の参考を俟《ま》つ。

と書かれていて、寛之進は村上新九郎を自身の先祖とは見なしていない。父・健治の志向を引き継ぐことなく、冷静に対処していることがわかる。

明治二十三年、第一回の衆議院議員の選挙が行われる。この時、寛之進は選挙権所有者であった。『更北地区人物誌』に、衆議院議員選挙権所有者（明治二十五年七月）という一覧表があり、[6] この中に小林寛之進の名前があがっている。国税十五円以上納入者のみに選挙権が与えられたのである。

第一回衆議院議員選挙は明治二十三年七月、第二回は明治二十五年二月に行われ、どちらも、長野一区では小坂善之助が当選している。

寛之進の次の代、小林高太郎は明治四十三年から三年間、稲里村の村長をしている。前記『更北地区人物誌』には、明治時代の自治功労者としてページが割かれている。[6]

高太郎は私財を投じて、村内を通る「村道川中島中央線」道路の開通に尽くし、[6][50]この道は「小林新道」と呼ばれたという。また、東条村地籍に所有する山林を同村小学校学有林に寄付している。[6][52]この山林は、健治が嘉永二年に加賀井村・九右衛門から二十七両で譲り受けた東条加賀井の山地に違いない。〈5〉

『大日本篤農家名鑑』（明治四十三年）という本が、国立国会図書館デジタルコレクションに所蔵されている。ここに高太郎が稲里村（旧広田村）の篤農家としてあがっている。高太郎はいわゆるノブレス－オブリージェの精神を持っていたにちがいない。篤志家・篤農家と呼ばれるための必須条件であろう。

前記のような社会貢献からは、高太郎がもともと仙台第二高等中学（後の第二高等学校）の工学部で学ぶ理系学生であったとは想像もつかない。[1]明治二十九年、父・寛之進の急逝に遭い、青雲の志を捨てて郷里に戻ったのが二十三歳。それ以降、大正十一年に四十八歳の若さでこの世を去るまで、一農村人として一生を終えたのである。

健治の後裔は〝在郷足軽〟〝浪人〟〝郷士〟〝士族〟などの身分から、〝篤農家〟と呼ばれるまでになった。健治はあの世からどんな思いでその後の一家を見ていたのであろう。

余聞の節　十一

県歌「信濃の国」

三節に書いたとおり、作新学校の初代の校長は浅井済である。この名前を見ると、「信濃の国」の作詞者として知られる浅井洌を思い出す。ともに教育者であり名前も似ている。しかし、親族ではないようだ。浅井済は水戸藩の出という。ここでは「信濃の国」について余談を記しておく。

長野県の県民歌「信濃の国」は、信濃教育会の委嘱により明治三十二年に長野県師範学校の教師であった浅井洌が作詞し、同職にあった北村季晴が曲をつけた。

その楽譜が載った興味深い本を見つけた。国立国会図書館のデジタルコレクションにある浅井洌、内田慶三、北村季晴共著『信濃唱歌』(上原書店)という明治三十四年に出版された本である。「信濃の国」ができて二年後には、すでに楽譜が出版されていたのである。【浅井〝洌〟と表記されてる。本来、〝洌〟ではなくて、こちらを用いるべきかもしれない。また、読み方にも〝れつ〟と〝きよし〟の両方がある。】

この本には、「信濃の国」、「姨捨山」、「川中島」、「大河原」、「浅間山」、「諏訪湖ならび

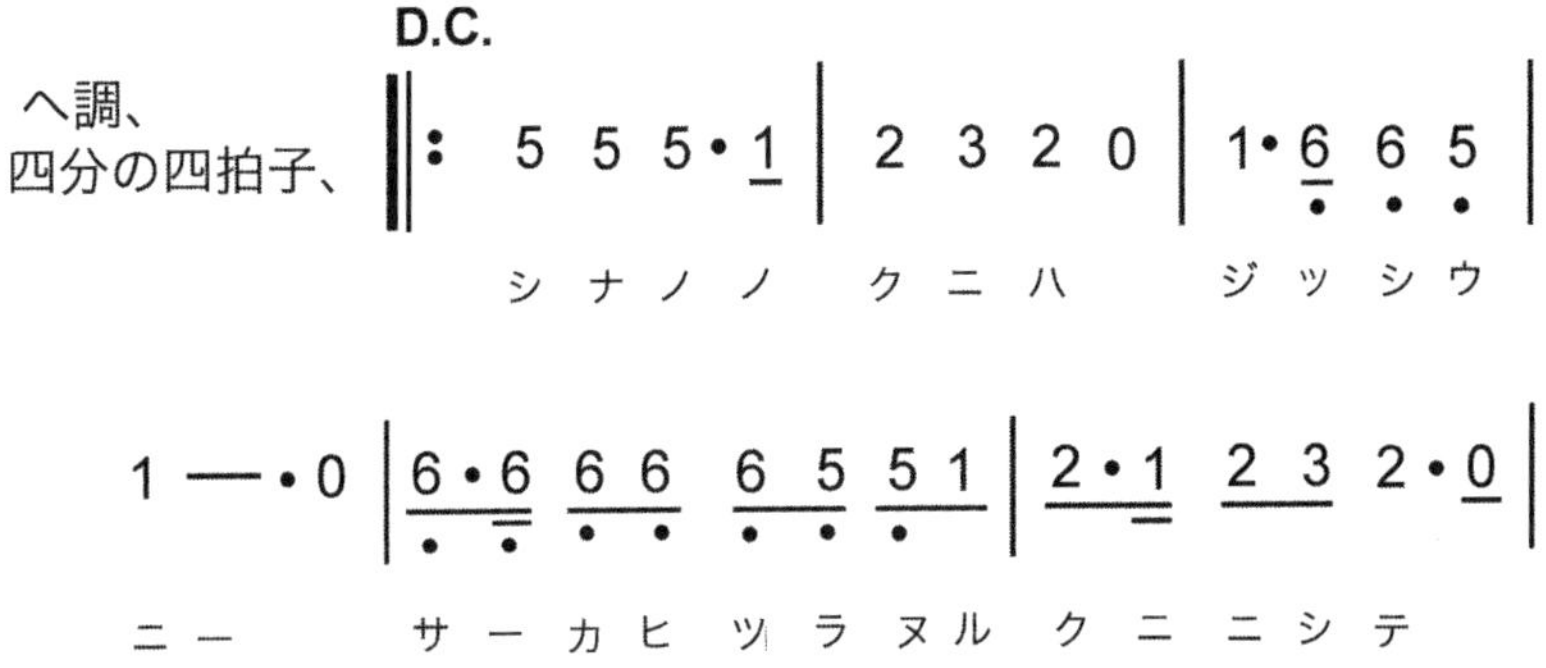
D.C.
へ調、
四分の四拍子、
5 5 5•1 | 2 3 2 0 | 1•6 6 5
シナノノ クニハ ジッシウ
1 —•0 | 6•6 6 6 6 5 5 1 | 2•1 2 3 2•0
ニー サーカヒツラヌル クニニシテ

図11-4 浅井洌、内田慶三、北村季晴共著『信濃唱歌』(上原書店)にある「信濃の国」の楽譜

に一宮」の六曲の楽譜と歌詞が載っている。楽譜といっても、五線譜に音符が書かれているわけではなく、数字で音符が示されているところが面白い。

数字に並んだ点とそれに続く下線付き数字は付点音符を表している。底部の点は、同じ数字のオクターブ下を示している。数字の0は休符である。**図11-4**に、初めの六小節を再現した。

明治三十四年なら、東京音楽学校も設立されている。西洋音楽も教えられ、すでに五線符は使われていただろう。北村季晴自身も五線譜で学んだはずだ。にもかかわらず、このような数字で音符を表す表記法が使われていたのは、五線紙が教育の現場では未だ普及していなかったためだろうか。
『信濃唱歌』に載っている曲は、作曲はすべて北村季晴で、作詞が浅井洌、内田慶三である。「大河原」の歌詞は「飯田のたつみ谷深く〜」で始まる。天竜峡を歌っているようだ。「信濃の国」は昭和四十三年に県歌に指定されるほど有名な曲になったが、そのほかの曲は現在でも歌い継がれているのだろうか。

驚いたことに、北村季晴は我が母校・都立小石川高校（現在は都立小石川中等教育学校）の校歌を作曲していた。校歌ができたのは東京府立五中の時代、大正八年（１９１９）、初代校長・伊藤長七が作詞している。まったく印象に残らない曲で、在学中に覚え切れぬまま卒業してしまった。まして、作曲者の名前を記憶するはずもない。

伊藤長七は諏訪の出身で、革新的な優れた教育者として知られる。伊藤と北村を結びつけたのは、島崎藤村であろう。伊藤は、明治三十三年小諸高等小学校に赴任したが、ここで、明治三十二年から小諸義塾の英語教師をしていた島崎藤村と知り合ったはずだ。藤村の『破戒』で、主人公・瀬川丑松に寄り添う同僚・土屋銀之助は伊藤長七がモデルとされている。

一方、北村は明治学院在学中に同級の藤村と親交があった。藤村は共通の知人ということになる。ちなみに、伊藤長七は、明治三十六年（１９０３）、諏訪清陵高校の校歌も作詞している。

「信濃の国」がつくられた四年後の明治三十六年、「信州男児」という歌がつくられている。田中常憲・作詞、田口信太・作曲による勇壮な信州男児賛歌である。田中と田口はともに上田中学の教師で、国漢文と音楽をそれぞれ担当していた。全部で十二番まであり、四番には佐久間象山を褒め称えた歌詞がある。

維新の大業肩に負い、金鞍《きんあん》馬上鞭絶えず、
魂《こん》西陸に行き帰り、文化の華を齎《もたら》しし、
日本開花率先者、象山此地に生まれたり、

YouTube で往年のバリトン歌手・内田栄一が歌っているのを聴くことができる。

おわりに

著者自身で読みかえしてみると、「〜であろう。」とか「〜と思われる。」のような記述が多かった点が気になる。歴史の研究者でも専門家でもない理系老人が足を踏み入れた異分野であるから、わからない部分や用語も多くあり、断定的に書くのはどうしても躊躇する。理系の論文なら真実に近づくための実験をいろいろ工夫し、すべての実験結果に矛盾しない結論を導きだす。しかし、歴史は、たまたま手に入れた古文書の一点、あるいは一つの事跡を基に、その書かれた意図を想像するしかない。新たな史料が発見されるまでは、一つ一つの史料の接点を推量して繋げていくことになるのだろう。結論を言い切るのは憚られる。これが、本書で推量的な書き方が多用されている理由である。

推量的な書き方が多用されている理由は他にもある。「はじめに」も記したとおり、人物の心情に踏み込んだり、記録に現れた事跡の背景まで思いを巡らせたりしたためである。暮らしが見えるリアルな歴史の現場であるから、想像を膨らませるのは容易で、また楽しい。少し行き過ぎたところがあるかもしれないが、書かれた事跡は史料に基づく史実である。

執筆を進める中で、江戸時代の百姓と村の暮らしに関して一般向けの成書がすでに何冊も世に出ていることを知った。主なものを巻末の参考文献にも上げているが、いずれもその道の専門の方々の著作である。座右の書として大いに参考にさせていただいた。当然のことながら、健治にも当てはまる例が多く書かれている。逆に、健治の生涯には、江戸時代の百姓と村の暮らしのすべてが詰っていることも知った。江戸時代の村を知るコスパのよい情報源であったのだ。そんなことを感じながら、全国どこでも似たような事例があることにも驚き、江戸時代の天下統一の力強さに改めて驚嘆もした次第である。

健治の生涯にドラマを感じていただけたとすれば、健治の残した史料がそのままリアルな暮らしを再現するに十分な素材であったことに負っている。固有名詞で出てくる村人も、松代藩の史料でよく見かける上級藩士も身近な存在で、またどこか出会えそうな感じさえする。思いを入れ過ぎたところもあるかもしれない。ただし、同じことを何度も言うようだが、実在する古文書に基づいて書いているので創作ではなくすべて史実である。

学習院大学史料館学芸員の丸山美季さんと一茶記念館元学芸員の中村敦子さんには多くの有益な助言をいただいた。また、長野市稲里町の小林清吾さんには、「小林家文書」の閲覧で大変お世話になった。これらの方々に厚く御礼と感謝を申し上げたい。

老人の余生に、道楽仕事の楽しみを与えてくれた我が先祖にも感謝！

巻末資料 1

小林健治を中心とした家系図

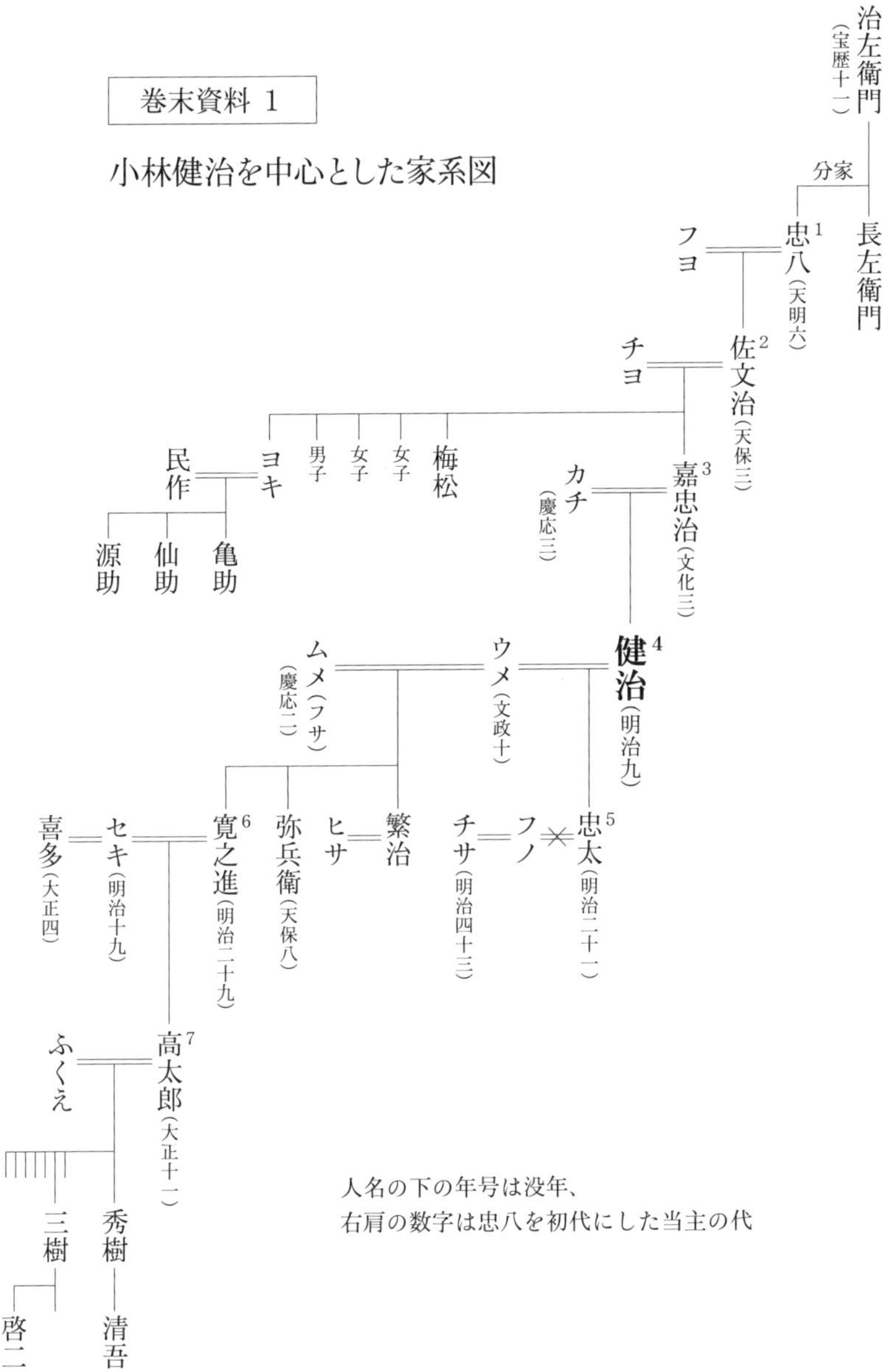

人名の下の年号は没年、
右肩の数字は忠八を初代にした当主の代

巻末資料2

小林健治 年譜

文化一	（一八〇四）	七月二八日	父・嘉忠治と母・カチの嫡男として誕生	
文化三	（一八〇六）	四月	父・嘉忠治、二九歳で逝去	三歳
文化四	（一八〇七）		祖母・チヨ、五〇歳で逝去	
文化一一	（一八一四）	二月	祖父・佐文治の門弟として正真流武術を修行し始める	
文政一	（一八一八）	四月	祖父・佐文治が居宅棟上げ	一五歳
文政三	（一八二〇）		民作・ヨキ（嘉忠治の妹）夫婦が別家する	
		三月	民作家の棟上げ	
文政五	（一八二二）	一月	祖父・佐文治の誕生日（一月一七日：宝暦三年）に当たり、佐文治を称える掛け軸二幅をつくる　昌龍寺九世・吟松が佐文治の肖像と讃を書く	
文政六	（一八二三）	二月	大日方半左衛門三女・ウメ（一七歳）と結婚	二〇歳
文政九	（一八二六）	四月	「御普請方御物書見習」を仰せつかる	
文政一〇	（一八二七）	一月	砲術指南の中俣佐吉に入門	
		三月	「若者取極連印人別帳」に若者の一人として署名	
		四月晦日	「援兵・一の手三つ道具扣」を仰せつかる	
		七月二五日	嫡男・忠太誕生、三歳で疱瘡に罹る	
		九月二五日	妻・ウメ二一歳で逝去	
文政一一	（一八二八）	八月	菩提寺・昌龍寺へ供養料十両寄付	二五歳
文政一二	（一八二九）	八月	市川庄右衛門四女・フサ（二一歳）と再婚　フサはムメと名前を替える	
天保二	（一八三一）	五月	掘田覚兵衛様御役付同心を仰せつかる	
天保三	（一八三二）	一月	祖父・佐文治より家督と足軽小頭を相続	

天保四（一八三三）　二月一八日　二男・繁治誕生、四歳で疱瘡に罹る

七月　祖父・佐文治が八〇歳で逝去、塔所場に祖父の墓を建てる

八月　跡式相続を仰せつかる

八月　「普請方御物書本役」を仰せつかる

八月　「武芸掛り兼帯御役」を仰せつかる

八月　寄親・堀田覚兵衛様へ小頭としてお目見え、お礼を申し上げる

一一月　御郡方へお礼を申し上げる

閏一一月　持高本口籾の内年々三十表宛て下さる

天保五（一八三四）　二月　融通穀として籾三十表を献上　三〇歳

四月　綿作に雨不足で地蔵堂にて雨乞いをする

七月　「剣術指南致し奇特の事」につき、酒を賜る

一二月　分量御用達金三両を上納

一二月　融通穀の献上に対し、袴地一反を賜る

一二月　菅沼九兵衛様御役付同心を申しつかる

一二月　前年の分量御用達金に追加して三両を上納

天保六（一八三五）　一月　「元方御金奉行御物書」を仰せつかる

八月　中堂屋根ふき替え工事、入仏の法要を行う

三月一九日　三男・弥兵衛誕生、三歳で夭折

天保七（一八三六）　二月　「元方御金奉行物書」のお役御免、「御火消方」を勤める

天保八（一八三七）　吞水天門のあたりに新たに堀をつくって石垣の普請をする

四月　帳下・磯五郎の聟・又右衛門、女房・さき、倅・又作、娘・きく、締めて四人、磯五郎一人を残して家出、職方・竹山町菅沼久兵衛へ提訴する

五月一四日　別家の伯父・民作が四六歳で逝去

民作が勤めていた恩田様の蔵元を引き継ぐ
八月　「表御納戸元〆」を申しつかる
一〇月　異作につき才覚金の要請があり、五十両を引き受ける
一二月　融通米を差し出した奇特に対して大御盃を賜る

天保九　（一八三八）　二月　御馳走御用仰せつけられ鼠宿へ出張　三五歳
三月　金井善兵衛様 御預同心を仰せつかる
九月五日より一六日間　検見
九月一三日　検見役人の本陣を勤める
一一月　「年来武芸出精、門弟も之有、一段の之事」により酒を賜る
一二月　「表御納戸役」を御免となり、「御松飾御用」を勤める

天保一〇（一八三九）　白山妙理大権現の御薬の儀を執り行う
三月　「御評定所付」を仰せつかる

天保一一（一八四〇）　一月　広田村高辻のうち菅沼弥惣右衛門知行地を和忠治が質入れ、質地証文に署名
二月　御庚申講の仲間で資金を出し合って、郷中焼き場に石地蔵を設置
二月　昌龍寺十世・乙玄和尚の馬喰稼ぎなど不行跡に関わる吟味で御組書を上申
四月　伊勢宮へ奉加金二百匹を広田村から寄進
八月　鼠宿・産神祭での若者騒動の一件について評定所付として記録

天保一二（一八四一）　三月　長国寺へ奉加金一両八分を寄進
三月一七日　八十八夜の日に季節外れの大雪、「一寸五分の積雪」と記録する
四月　柴村大峰寺で修業するという東昌寺の小僧に祝儀を渡す
六月　帳下・藤三郎の不始末につき、自宅に泊めて説教する
八月　昌龍寺九世・吟松和尚の一三回忌を執り行う
九月　「村方倹約取極覚」の触れを出す

天保一四（一八四三）　上京する僧に委託して文閣寺へ寄進　四〇歳
天保一五（一八四四）　籾蔵を普請（大工六八〇人、材木代など、締めて九十一両）
「砲術見分の節、十匁筒皆命中致し、一段の事」により硝煙三百匁を賜る
八月　水内村より買入れの材木が、運搬筏の荷崩れにより犀口に流入したため
下堰組合に詫び状を出す
一一月　「助勢御人数三之手旗役扣」を仰せつかる
弘化二（一八四五）　二月　家内不和合で召し出され、御組書を差し出す
一二月　「五人組倹約取決帳」に署名
弘化三（一八四六）　六月五日　四男・寛之進が誕生、二歳で疱瘡に罹る
九月　「御武具方元〆」を仰せつかる
弘化四（一八四七）　三月二四日　善光寺大地震で犀川が二〇日間堰き止められ四月一三日に大洪水を起こす
四月　「御武具方」を御役御免となる、五月より「火消」を勤める
嘉永一（一八四八）　名主となる、この年以降、嘉永二年、三年、六年までとの記述があるが、
実際は亀助が勤めている　四五歳
「災後課業申諭大意」を村に触れる
二月　「犀川口下堰組合村々運営議定書」に従って下堰水門建て替え自普請が始まる
嘉永二（一八四九）　二月　「宗門人別禅宗帳」の作成
七月　伊勢宮建替により、大工・富竹村・峯村和泉へ三六両を渡す
一〇月　川中島八幡宮（武水別神社）へ十両を勧化
一二月　松代東条加賀井の山地を購入
嘉永三（一八五〇）　「評定所付」となる
「元方御金奉行御物書」を仰せつかる
高野山和合院より初穂料金二朱の礼状を拝受

嘉永四（一八五一）一二月　団蔵から五里沢堰の水車を五十両で譲り受ける
一季奉公で四ッ屋村武右衛門の子・佐市を受入れ

嘉永五（一八五二）二月　嫡男・忠太に上林恒八二女・フノが嫁すが、一二月に離縁

二月　土地替え、砂田沖田畑を手放し、五里沢堰田畑を取得

四月　二男・繁治に宮坂八右衛門四女・ヒサが嫁す

一〇月　御代替り（真田幸貫から幸教へ）につき、十二両を献上

嘉永六（一八五三）六月　「亜墨利加江戸品川沖見よる」と記録する　五〇歳

六月　勘定場の普請

九月　昌龍寺十一世住職として宗道が赴任する

一一月　諏訪宮両社の葺き替え工事

安政一（一八五四）一月　ペリー再来航により、帳下・藤三郎が江戸詰役夫として徴収される

一一月　御殿向き御焼失（花丸火事）につき御用達金十二両を上納

安政二（一八五五）　水車設置に伴い新規掘り直しを役人中・堰方世話人に願い出る
姨捨を題材にした健治自身の俳句、および吾仏らと巻いた連句をまとめて
『姨捨山の月』を編む

安政三（一八五六）三月　善光寺領七瀬村への嘉永七年の貸金百二十両について、返済困難との申し
出により、残額六十五両を義援金として供与

四月　嫡男・忠太に春日与五右衛門一女・タカが嫁す、チサと改名

四月　永代大神楽新調の奉加金を、村人約一〇〇人と共に納める

九月　父・嘉忠治の五〇回忌に際して、追善句会を催す
父・嘉忠治、祖父・佐文治、および曾祖父・忠八を顕彰する肖像画入りの
掛け軸をつくり、健治自身の肖像入りの掛け軸も作成

安政四（一八五七）三月　別家した次男・繁治宅の普請

四月　村上新九郎義盛の石碑を発掘
安政五（一八五八）　三月　小林健治組に属する足軽の宛行・勤方・武芸など明細を書きあげ藩に報告　五五歳
一二月　足軽小頭株を松代・新作へ百両で譲渡する
一二月　松代浪人・小林七郎（唐沢七郎改め）の家督を相続して浪人身分となる
これに伴い、藩へ一本証文を差し出す
安政六（一八五九）　一月　仕事場を普請
一月　役代として中村久助をあて、藩に届ける
一月　別家・繁治へ分地する
九月　村上新九郎の三百回忌の法事が満泉寺で営まれ焼香する
村上義清菩提寺・満泉寺住職から村上家再興を称えた文書を得る
一二月　墓場二〇坪を買い入れる
文久一（一八六一）　二月　小松原操穴御用達金として百両を上納
二月一四日　小松原新用水路掛を命じられる
文久二（一八六二）　二月　小松原新用水路掛として、御勝手方の御見分に立ち会う
一二月　代々院号を保証のため昌龍寺へ二十両を寄進
自らの戒名を刻んだ生前墓をつくる
文久三（一八六三）　三月　分量御用達金として百両を藩に献上　六〇歳
元治一（一八六四）　子年に当たり、一本証文を藩に差し出す
一〇月　墓場入口部分の土地三坪を購入
元治二（一八六五）　善光寺仁王門屋根葺き替え工事へ奉加金二百匹を寄進
慶応二（一八六六）　一月　三七〇両を藩に献上、永々、籾十八表を賜る
三月　妻・ムメが五八歳で逝去
一一月　新用水路掛として関わった荒地開発が整備され、郡方へ引き渡す

慶応三（一八六七）一月　母・カチが八四歳で逝去
九月　殿様無尽で、六十両を引き受ける
明治一（一八六八）　従弟の源助と仙助（別家・民作の息子）が北越戦争に従軍　六五歳
九月　源助は六月戦死
明治二（一八六九）　御城番後見の政治郎が越後戦争へ出兵、組最合金を供与
九月　善光寺念仏講に銀四十五匁を喜捨
五月　丹波島明畑を質にとり、桑畑とする
一二月　昌龍寺敷地の一部を十両で取得
明治三（一八七〇）四月　昌龍寺の無心により三両を献金
閏一〇月一五日　商法方に任命される
大書院へ参上し、知事様、大参事様などと面会、挨拶ともてなしを受ける
閏一〇月二〇日　商法方として七ヶ条の建言書を上申
一一月二五日　松代騒動始まる　商法方として四項目の見込み書を上申
一二月　官札で五十両を入用金として藩へ上納
一二月二日　松代騒動のさいの援助と跡片付けの労をねぎらって、使用人・村人たちに宴席を設ける
一二月一九日　御勘定役・半田亀作殿・鈴木寅治殿より、「御上様より御無心之義」を申しつけられる
一二月二〇日　中野騒動が起こる
一二月二三日より二七日まで　村の十王堂にて寄合をもち、小作人たちを相手に米穀相場の交渉をする
明治四（一八七一）二月　上田領より三千両を借り受け（神林玄順など四人とともに）松代藩士へ貸金する
九月　嫡男・忠太が戊辰戦争での功績により二石の賞典を受ける
一〇月　小松原新用水路掛として、大参事様の御見分に立ち会う

明治五（一八七二）二月　商法方を辞す
二月　帰農願いを出し、認められる
五月　「由緒書」を提出
五月一五日　松代大火、いわゆる長国寺火事
松代城下で被災した四〇の寺院と個人宅を記録する
明治六（一八七三）七月　地租改正条例が発布される　七〇歳
明治七（一八七四）四月五日　小松原新用水路開発の功により御賞（掛物、両掛御弁当ほか）を受ける
六月二一日　孫・高太郎（寛之進の嫡男）が誕生
九月　墾屋建て替え普請
明治八（一八七五）三月　門口馬屋の塀囲い普請
六月　松代騒動のさいの貢献にたいして褒賞（帷子、裃ほか）を賜る
明治九（一八七六）一月　逝去、忠太（五〇歳）が家督を相続　七三歳

「小林家文書」の一覧

◎小林家に残された種々の史料のうち、「〜帳」と題する四つ目綴・縦帳のみを「小林家文書」と呼んでいる。
◎いずれも表紙に書かれた題目を示しただけで、正式に「古文書目録」と呼べるようなまとめ方ではない。

〈1〉	御鈊禅帳	壱	紙数七十九枚
〈2〉	御鈊禅帳	三	
〈3〉	御鈊禅帳	参	改初紙数六十五枚 【「御鈊禅帳　三」と同じ文書の収録が多い】
〈4〉	御鈊禅実箱写	壱番	
〈5〉	御鈊禅実箱写	二番	
〈6〉	経勝花能帳	第一	御二代目寄進一件之事
〈7〉	経勝花能帳	第二	極内秘書
〈8〉	経勝花能帳	第四	家仕稼業障之事
〈9〉	経勝花能帳	第五	青木様品々縺之事
〈10〉	経勝花能帳	第六	下氷鉋生萱貸金縺之事 小松甚左衛門様証文一件 中村屋貸金一件
〈11〉	経勝花能帳	第七	上氷鉋村慥直品々縺之事
〈12〉	経勝花能帳	第八	上氷鉋村慥直縺一件
〈13〉	経勝花能帳	第九	善光寺貸金縺一件 藤牧村藤蔵同一件

〈14〉経勝花能帳　第十　戸部村慥直縺一件
〈15〉経勝花能帳　第十一　水車株引請品々書類
〈16〉経勝花能帳　第十二　住所普請花能実川上下手付之事
〈17〉経勝花能帳　第十三　年中家事〆身元稼内役代始末之事
安政五午年中二月より
〈18〉経勝花能帳　第十四　小松原村操抜開発之事
〈19〉経勝花能帳　第十五　商法方幷松代騒動
〈20〉経勝花能帳　第十七　川合村宗右衛門一件
〈21〉経勝花能帳壱番　第十九　戸部村金談日記
幷五ケ村より御県庁へ願立日記品々調帳
〈22〉経勝花能帳弐番　第二十　戸部村金談一件
幷五ケ村ヨリ御県庁へ願立済口品々書類
〈23〉経勝花能帳参番　第二十一　松代旧藩士貸金元利滞候につき
御県庁へ出願幷済口新証文扣

◎以下は番号が無い。
〈24〉経勝花能帳　取替金預金調　欽治郎多仲願立一件共
〈25〉経勝花能帳　河合村一件品々之事
〈26〉経勝花能帳　家仕経済実用精願立日記之事

◎以下は第五代・忠太（健治の嫡男）が作成したもの。〈32〉は第六代・寛之進（健治の四男）が作成した可能性もある。
〈27〉出張加判留、五人組・蔵元加判留、小頭両組下奥印留
〈28〉御条目巻紙写　御水帳之写帳　他見無用
嘉永元申年　元禄十六未年　名主忠太

〈29〉従往古役元古書類送帳之内写留　嘉永元申年正月迄　名主忠太　百二十四枚

〈30〉御役中品々御書類写　忠太　嘉永三年、嘉永六年　紙数二十八枚

〈31〉人別御役請御願、奉公人御書上帳、職人御書上帳、牛馬御役請出帳
弘化五年、嘉永二年、三年、五年、六年　広田村　名主忠太　八十七枚

〈32〉白表紙　◎表紙に何も書かれていないので、白表紙と名付ける。

参考にした文献

成書：背景を理解するために参考にした一般書をあげた。本文中で引用していないものもある。

［1］は著者の既刊書であり、参照した部分もあるので、ここに加えた。

［1］小林啓二『ファミリーヒストリーが明かす松代・真田十万石の歴史』ほおずき書籍（2019）
［2］小幡伍『松代歴史散策』ほおずき書籍（2009）
［3］田中博文　藩シリーズ『松代藩』現代書館（2012）
［4］笹本正治監修『村上義清と信濃村上氏』信毎書籍出版センター（2006）
［5］田中豊茂『信濃中世武家伝』信濃毎日新聞社（2016）
［6］長谷部好一『長野市更北地区人物誌』龍鳳書房（2021）
［7］矢羽勝幸『続姨捨山の文学』信毎書籍出版センター（2012）
［8］高野六雄『東北信地方の俳額史』信毎書籍出版センター（1992）
［9］平野元亮『硝石製錬法』復刻版：江戸科学古典叢書12　恒和出版（1978）
［10］渡辺尚志『百姓たちの江戸時代』ちくまプリマー新書（2009）
［11］渡辺尚志『言いなりにならない江戸の百姓たち』文学通信（2021）
［12］渡辺尚志『百姓たちの水資源戦争』草思社（2014）
［13］渡辺尚志『百姓の力　江戸時代から見える日本』角川ソフィア文庫（2015）
［14］渡辺尚志『百姓たちの幕末維新』草思社（2015）
［15］山本直孝・時枝務『偽文書・由緒書の世界』岩田書院（2013）
［16］深谷克己『江戸時代の身分願望―身上りと上下無し』吉川弘文館（2006）
［17］白川部達夫・山本英二『村の身分と由緒』吉川弘文館（2010）
［18］山﨑善弘『村役人のお仕事』東京堂出版（2018）

［１９］原田伊織『日本人が知らされてこなかった「江戸」』SB 新書（２０１８）
［２０］森安彦『古文書が語る近世村人の一生』平凡社（１９９４）
［２１］支倉清・支倉紀代美『家中・足軽の幕末変革記』築地書館（２０２１）
［２２］辻井善彌『幕末の農民日記に見る世相と暮らし』丸善プラネット（２０１１）
［２３］成松佐恵子『庄屋日記にみる江戸の世相と暮らし』ミネルヴァ書房（２０００）
［２４］水本邦彦『村―百姓たちの世界』岩波新書（２０１５）
［２５］北原進『独習 江戸時代の古文書』雄山閣（２０１８）
［２６］戸森麻衣子『仕事と江戸時代―武士・町人・百姓はどう働いたか』ちくま新書（２０２３）
松本良太『武家奉公人と都市社会』校倉書房（２０１７）
［２７］岡澤由往『もう一つの六文銭』銀河書房（１９８６）
［２８］渡辺尚志『幕末維新期の名望家と地域社会』同成社（２０１４）

論文・総説

［２９］降旗浩樹「松代災害関係年表」『松代』9号（１９９６）
［３０］降旗浩樹「松代藩御納戸役〝嘉永五子年二月十五日差出沿革之次第書草稿〟（上）」『松代』２８号（２０１５）
［３１］降旗浩樹「善光寺地震の災害情報―読売・摺物を中心に―」『市誌研究ながの』１４号（２００７）
［３２］鎌田雄次郎「日光山東照宮御宮名代日記」『松代』１０号（１９９７）
［３３］北村保「享保二年松代城類火焼失録」『松代』６号（１９９３）
［３４］小林計一郎「村上義清の子孫」『長野』５６号（１９７４）
［３５］羽田神山「藩札と商社手形鎖却―松代騒動の結果を語る」『信濃』５巻 ５号（１９５３）
［３６］西沢武彦「松代藩の足軽（同心）について」『信濃』６巻 2号、１０号、１１･１２合併号（１９５４）７巻 2号、３号、４号（１９５５）
［３７］宮澤崇士「松代藩御勝手御用役について―田野口村小林家を中心に―」『信濃』６９巻、４号（２０１７）

［38］原田和彦「松代藩における壱本証文と浪人格」『信濃』74巻2号（2022）
［39］滝沢公雄「犀川右岸小松原付近の操穴堰遺構」『千曲』81号（1994）
［40］丸田修治「松代騒動の一端」『市誌研究ながの』14号（2007）
［41］岡澤由往「農民の暮らし一考」、『市誌研究ながの』7号（2000）
［42］岡澤由往「善光寺地震二次災害犀川大洪水」『市誌研究ながの』13号（2006）
［43］坂本優紀、竹下和希、小林愛「長野県北信地方における煙火産業の存立基盤」『地域研究年報』39号（2017）
［44］岩佐三郎「お雇い外国人ライマンと、むかし日本の石油開発(2)」『石油の開発と備蓄』12号（1996）
［45］鈴木一義、田辺儀一「清水太右衛門貞徳の直弟子時代の清水流測量術について」『国立科学博物館研究報告E類』34号（2011）
［46］飯島豊「妻科神社の杜花火と花火法帳」『長野』208号（1999）
［47］荒井わか子「松代藩の崩壊─藩制度を中心として─」『法政史学』13巻（1960）

町村誌・事典

［48］関保男『北信濃歴史漫遊事典』川辺書林（2019）
［49］『むかし今どき　見て楽しむ広田古文書』広田古文書保存会（2011）
［50］『更級埴科地方誌』第三巻近世編上（1980）
［51］『長野市誌』第三巻歴史編近世一（2001）
［52］『更級郡埴科郡人名辞書』象山社（昭和14年）
［53］『更級郡誌』更級郡役所編纂（大正3年）
［54］『埴科郡誌』埴科郡役所編纂（明治43年）
［55］『長野県史　近世史料編7（3）』長野県史刊行会（1973）

小林 啓二（こばやし・けいじ）

1941年	兵庫県西宮市生まれ
1965年	東京大学理学部化学科卒業
1970年	同理学系大学院博士課程修了
同年～2003年	同教養学部・大学院総合文化研究科　助手～助教授～教授
2004年～2015年	城西大学理学部教授
	東京大学名誉教授・理学博士　専門は、構造有機化学・有機固体化学

著書に、『基礎有機化学』（朝倉書店）、『有機スペクトル解析入門』（共著、裳華房）など化学関係書のほか、『松代・真田十万石の歴史－退職化学者の道楽先祖探訪記』（ほおずき書籍）がある。

信州川中島平にみる名主の一生

退職科学者が挑んだ古文書解読

2024年10月25日　初版発行

著者・発行　小林 啓二
編集・制作　信濃毎日新聞社
印　刷　所　信毎書籍印刷株式会社
製　本　所　株式会社渋谷文泉閣

ISBN 978-4-7840-8854-6